건강한 사회, 행복한 사람들
행복한 사회공동체 학교

건강한 사회, 행복한 사람들
행복한 사회공동체 학교

서해경·이소영 지음
마정원 그림

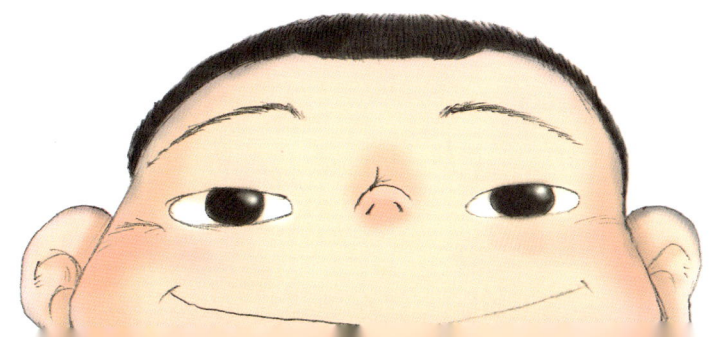

휴먼어린이

세상을 향한 작은 관심

무관심이라는 이름의 외로운 무인도

언젠가, 지하철을 타고 있을 때였어요. 오래 서 있었더니 허리가 아프더라고요. 허리를 풀려고 좌우로 몸을 비틀다가 하모니카를 연주하며 구걸하는 할머니를 보았어요. 여윈 몸에 허리가 굽고 흐트러진 짧은 백발의 모습이었지요.

'할머니에겐 자식이 없을까? 할머니는 왜 가난해졌을까? 내가 노인이 되어 할머니처럼 가난해지면 어떻게 될까?'

슬금슬금 할머니를 곁눈질하며 이런 생각을 하고 있는데, 어느새 할머니가 내 앞에 와서 손을 내밀었어요. 하모니카를 부는 할머니의 얼굴은 빨갛게 상기되어 있었지요.

'누구에게 하모니카를 배웠을까? 처음엔 삑삑 거친 소리를 내던 하모니카가 차츰 고운 소리를 낼 때 행복했겠지? 내가 기타를 배울 때처럼 말이야.'

악기를 배울 때 할머니가 나와 비슷했을 거라는 생각을 하니, 마음이 이상하게 따뜻해졌어요. 평소 같으면, '또 누가 구걸을 하나 보다.'라고 대수롭지 않게 생각하거나 아예 관심도 없었을 텐데, 그날은 왠지 할머니가 마음속으로 들어왔던 거예요.

그러다 문득 깨달았어요. 허리가 아플 정도로 오랫동안 지하철을 타고 있었는데 그동안 함께 있던 다른 사람들의 얼굴을 한 번도 보지 않았다는 것을요. 지나가다가 부딪혔을 때 미안하다고 사과한 사람의 얼굴조차도 말이에요. 주위를 둘러보니 아무도 하모니카 할머니에게 관심을 보이거나 쳐다보는 사람이 없었어요. 어쩌면 나를 비롯해 우리 모두가 무인도에 갇혀 홀로 살아가는 '로빈슨 크루소'처럼 된 것은 아닐까요? 몸은 수천만 명과 함께 대한민국에 살지만 마음은 '무관심'이라는 섬에 고립되어 혼자 외로이 살아가고 있는 것은 아닐까요?

더불어 살아가는 사회공동체

힘겹게 지하철 문을 열고 다음 칸으로 건너가는 할머니의 뒷모습을 보며, 이 '사회'에 대한 이야기를 쓰기로 결심했답니다. 여러분과 함께 살펴볼 '사회'는 교과서 안에서 배우는 딱딱한 지식이 아니라 여러분과 나, 우리 모두가 더불어 살아가는 '사회공동체'에 관한 거예요.

학교에서 사회 시간에 배우는 정치, 경제, 문화, 지리 등은 우리가 방송이나 신문, 인터넷에서 접하는 세상, 어른들이 침 튀기며 이야기

하는 지금의 세상과는 동떨어진 느낌이 들지요. 아무리 사회 공부를 열심히 해도 이 세상을 살아가는 사람들의 모습이 잘 보이지 않는 것이 사실이에요. 진짜 사회 공부는 한 교실에서 같이 공부하는 친구들, 이 세상을 함께 살아가는 사람들에 대해 관심을 갖는 거예요. 쉽게 말하면 남에게 관심을 갖는 것이지요.

그런데 사실 '남'이라는 사람은 없을지도 몰라요. '남'이란 아무 관계도 없는 사람을 말하는데, 이 사회에서 나와 관계가 없는 사람은 아무도 없으니까요. 나비의 작은 날갯짓이 날씨를 바꿀 수도 있다고 하는데, 함께 사는 사람들이 서로 영향을 주고받는 것은 당연한 일이 아닐까요?

상처와 편견을 넘어 모두가 행복해지는 세상

사람들에게 관심을 가지면 지금 우리 사회에서 힘들게 살아가는 사람들이 보일 거예요. 이런 사람들을 '소수자' 또는 '사회적 약자'라고 해요. 이주 노동자와 그 아이들, 성 정체성이 다른 사람들, 왕따를 당하고 학대를 받는 아이들, 몸이 불편한 사람들, 밥을 굶는 아이들, 피부색이 다른 사람들……. 그들은 다수의 사람과 다르다는 이유로 차별을 받고, 사회가 만들어 놓은 편견 때문에 상처 받고 있어요.

나는 가난하지 않으니까, 나는 외국인이 아니니까, 나는 건강하니까, 그들과는 아무런 상관이 없다고 생각하고 있지는 않나요? 그렇지 않아요. 나도 언젠가 사고를 당해 장애인이 될 수 있고, 다른 나라에서 일하는 이주 노동자가 될 수도 있어요. 가난한 나라의 어린이가 잠을 쫓아가며 만든 신발을 신고 축구공을 찰 수도 있고, 같은 반 친구가 오늘 점심을 굶고 있을 수도 있어요.

모두가 행복해지는 세상은 바로 '관심'에서 시작해요. 아주 작은 관심이 이 세상을 조금씩 바꿀 수 있어요. 나와 같은 사회에 살고 있는 사람에 대해 관심이 생기면, 더 알고 싶고, 어떻게 하면 도울 수 있을까 고민하게 되지요. 그러는 동안 사회는 점점 행복한 곳으로 바뀌는 거예요. 결국 사람이 사회를 바꾸는 거지요.

물고기는 물을 떠나서는 살 수 없어요. 그리고 오염된 물속에 사는 물고기는 건강하고 행복할 수 없지요. 사람도 마찬가지예요. 무인도에서 혼자 사는 것이 아니라면, 우리는 사회 속에서 살 수밖에 없어요. 사회가 병들면 그 속에 사는 사람 역시 행복할 수 없는 거예요. 그런데 사회를 병들게 하는 것도, 사회를 낫게 하는 것도 결국은 사람의 몫이랍니다. 남의 행복에 관심을 갖고 서로를 배려할 때 우리 사회도 좀 더 행복한 곳이 될 거예요.

이 책을 읽고, 여러분이 주위 사람들에게 작은 관심이라도 가지게 되었으면 좋겠어요. 자, 그럼 우리 모두의 얘기를 들어볼까요?

2008년 9월 서해경·이소영

차례

세상을 향한 작은 관심

왜 다른 나라에서 일하러 오는 걸까? 이주 노동자의 인권 — 10

한국을 꿈꿉니다 코리안 드림 | 이주 노동자는 왜 한국의 법을 어기는 걸까?
우리 닮았나요? | 이주 아동도 한국 아동과 똑같은 권리가 있다
이주 노동자는 한국의 일부분이다

나와 다르다고 차별하면 촌스럽겠지? 인종과 민족 — 34

한 방울의 피가 결정한다 | 피부색으로 사람의 등급을 정한다고?
나는 '한국인' 입니다 | 한국인은 누구일까?
지구촌 시대를 맞이하는 두 개의 얼굴

인간이 지구의 주인인가? 생명과 환경의 위기 — 54

나라를 떠나는 사람들 | 지구 온난화, 우리 모두가 막아야 한다!
모아 새 이야기 | 동물도 살아갈 권리가 있다!
동물 실험, 꼭 해야 할까?

뉴스와 신문이 하는 말은 모두 진실일까? 미디어와 인터넷 세상 — 74

선택된 진실, 신문 기사 | 뉴스는 다 진실일까?
아이돌 스타, 썬샤인 | 나도 미디어가 될 수 있다, 블로그
게임에 중독되면 머리가 나빠진다?

가난한 사람은 모두 게으르고 못난 사람일까? 가난과 굶주림 — 96

모잠비크에서 온 편지 | 아프리카는 왜 가난으로 고통 받는 걸까?
도시락, 도시락 | 가난은 개인의 잘못이 아니다!
돈과 행복은 비례할까?

120 왜 나를 따돌릴까? 쟤는 도대체 왜 저래? 집단 따돌림과 아동 학대

야외 수업을 했습니다 | 우린 모두 왕따 피해자예요
친구가 생겼습니다 | 고통 받는 아이들이 있어요
아동의 권리

142 장애는 부끄러운 것인가? 몸이 불편한 사람들

살아 있는 비너스 | 장애인도 비장애인과 똑같은 권리가 있다
아무것도 보이지 않는 꿈 | 원하는 교육을 받고 싶어요!
시각 장애인만 안마사가 될 수 있나요?

164 줄리엣이 되고 싶은 로미오 성 차별과 성적 소수자

울퉁불퉁 미스터 리듬 체조 | 여자 일, 남자 일이 따로 있지 않아요
줄리엣이 되고 싶은 로미오 | 성적 소수자, 함께 살아가고 있어요!
동성애자의 결혼, 법으로 인정할 수 있을까?

184 모든 가족은 다 행복한 걸까? 소중한 가족

우리 가족의 일기 | 가족의 규칙은 사랑과 믿음
조금 다른 가족 | 가족의 형태가 변할 뿐 모두가 '완전한 가족'
가슴으로 낳는 사랑, 입양

208 나이만큼 작아지는 할머니, 할아버지 외로운 노인들

하모니카 할머니의 하루 | 나날이 심각해지는 노인 문제
잃어버린 할아버지 | 치매, 사회가 함께 돌보아야 해요!
정년을 늘려야 할까?

왜 다른 나라에서 일하러 오는 걸까?
이주 노동자의 인권

나에게는 비밀이 하나 있습니다.
누구에게도 말하지 않겠다고 약속했지만
지금은 말해도 될 것 같아요.
집 앞 공터 한구석에는 낡은 컨테이너가 있습니다.
문은 자물쇠로 잠겨 있고 작은 창문에는 커튼이 쳐져 있지요.
그 안에 두 명의 아이들이 살고 있었습니다.
아주 가끔 두 아이는 커튼 사이로 밖을 내다보았습니다.
그럴 때마다 큰 눈망울이 초롱초롱 빛이 났어요.
하지만 지금은 그곳에 아무도 살지 않습니다.

한국을 꿈꿉니다 코리안 드림

"이 자식이 지금 누구 어깨에 손을 올리는 거야?"

강 씨가 소리를 지르며 아지즐에게 주먹을 날렸습니다.

"악!"

난데없이 얻어맞은 아지즐이 얼굴을 감싸며 주저앉았습니다. 그런데도 강 씨의 발길질은 계속됐습니다. 닥치는 대로 온몸을 걷어찼습니다. 아지즐은 몸을 동그랗게 말고 낮은 신음 소리만 냈습니다.

"한 번만 더 내 몸에 손댔다간 죽을 줄 알아."

강 씨는 화가 안 풀리는지 씨근덕거렸습니다. 근처에 있던 사람들 중 누구도 강 씨를 말리지 않았습니다.

"뭣들 해? 얼른 자기 자리로 돌아가서 일하지 못해?"

공장장이 소리를 질렀습니다. 아지즐이 맞고 있을 때는 가만히 있더니 말입니다. 사람들이 흩어졌고, 아지즐도 배를 움켜쥐고 비실비실 자기 자리로 돌아갔습니다.

"아지즐, 괜찮아?"

다른 외국인 노동자인 리만이 묻자 아지즐은 아무 말 없이 고개를 끄덕였습니다. 떴는지 감았는지 알 수 없을 정도로 눈이 퉁퉁 부어 있었어요.

아지즐은 방글라데시에서 온 산업 연수생입니다. 오늘 처음 회사에 나왔습니다. 그런데 하필이면 첫 출근하는 날 이런 일을 당한 것입니다. 아지즐은 아픈 것보다도 영문도 모른 채 맞았다는 사실에 더 당황했습니다.

이 공장에는 방글라데시, 나이지리아, 수단에서 온 외국인 노동자들이 삼십 명 정도 있습니다. 우리나라 노동자는 다섯 명뿐입니다. 그런데 우리나라 노동자가 폭력을 휘둘러도 모두 잠자코 눈치만 볼 뿐, 아무도 항의하거나 맞서지 않았습니다.

고된 하루의 일이 끝난 후, 리만이 다시 아지즐에게 말했습니다.

"아지즐, 우리는 한국 사람에게 손을 대거나 친한 척하면 안 돼. 싫어하거든. 그리고 '미안합니다. 제발 때리지 마세요.' 라는 말을 외워 둬. 한국에서 살려면 그 말을 꼭 알아야 해."

리만은 아지즐에게 이 말밖에는 해 줄 것이 없었습니다.

"나, 괜찮아요. 다시 기운 내서 일할 거예요."

아지즐이 싱긋 웃으며 주먹을 쥐어 보였습니다. 그러고는 사다리를 타고 숙소로 올라갔습니다. 말이 숙소지, 천장에 판자 조각을 덧대어 만든 허술한 곳이었어요. 그 판자들이 쇠기둥에 매달려 있다고 해서 '그네 집'이라고 불렀지요. 그래도 공짜로 살 수 있는 곳이라 모두 숙소에 있고 싶어 했습니다.

리만은 마음이 아팠습니다. 어깨를 축 늘어뜨린 채 숙소로 돌아가는 아지즐을 보면서 예전 일이 떠올랐거든요.

리만은 6년 전, 아내와 두 아이를 데리고 한국에 왔습니다. 관광 비자로 입국했지만 사실은 한국에서 일할 목적이었습니다. 부유하다고 소문이 난 한국에서 일하면 돈을 많이 벌 수 있다고 믿었거든요. 불법 체류여서 하루하루가 불안했지만 돈을 벌어 집으로 돌아갈 꿈에 부풀었지요. 그런 리만을 고향 친구들은 행운아라며 부러워했습니다.

하지만 리만의 꿈은 아지즐처럼 출근 첫날부터 어긋났습니다.

한국인 사장은 다짜고짜 여권과 비자를 내놓으라고 했고, 옆에 있던 공장장은 리만의 입을 벌리고 이빨을 살펴보았습니다. 어깨를 세게 누르기도 하고, 무거운 상자를 머리 위로 들어 올려 보라고도 했습니다. 노예를 사고팔 때나 하는 행동들이었어요. 리만은 자존심이 상하고 불쾌했지만 꾹 참았습니다. 가슴속에 여전히 푸른 꿈을 간직하고 있었기 때문이지요.

돌연 공장장이 손을 내밀었습니다. 악수를 하자는 줄 알고 리만도 손을 내밀었습니다. 그런데 공장장은 손가락으로 리만의 손등을 쓱 문질러 보더니 아무렇지도 않게 말했습니다.

"음, 색이 묻어나지는 않는구먼. 난 연탄처럼 묻을 줄 알았어."

옆에 있던 한국인 동료들이 왁자하게 웃었습니다. 리만은 부끄럽고 뭔지 모를 분노가 치밀어 올랐지만 아무 말도 할 수 없었습니다. 어쩌면 바로 그 순간 한국에 대한 환상을 접었는지도 모르겠다고 리만은 생각했습니다.

  퇴근하던 리만은 고개를 흔들어 예전 일을 떨쳐내고는 서둘러 집으로 향했습니다. 두 아이를 생각하니 걱정이 되어 걸음이 빨라졌습니다. 아내가 불법 체류자 단속에 걸려서 강제 출국 당한 후, 리만은 두 아이와 함께 작은 컨테이너에 숨어 살았습니다. 어두운 곳에 갇혀, 지금쯤 두 아이는 얼마나 답답해 할까요?

그날 밤, 공장에 불이 났습니다.

불길은 삽시간에 공장을 집어삼켰어요. 내부는 타이어와 고무가 내뿜는 독한 화학 가스로 가득 찼습니다. 그러나 14시간의 고된 노동에 지쳐 그네 집에서 잠자고 있던 외국인 노동자들은 깊은 잠에 빠져 미처 나오지 못했습니다. 뒤늦게 불이 난 것을 알아챈 몇 명만 간신히 밖으로 피할 수 있었지요. 나머지 사람들은 이미 가스에 질식해 움직일 수조차 없었습니다.

다음 날 아침까지도 시커멓게 그을린 공장에선 독한 화학 가스가 피어올랐습니다. 그날 화재로 숙소에서 잠자던 아지즐과 여섯 명의 외국인 노동자가 목숨을 잃었지요. 회사는 시신을 화장해서 고향으로 보내겠다고 했습니다. 아무런 보상도 없이 말입니다.

한국에 온 지 일주일도 안 된 아지즐을 그렇게 돌려보낼 수는 없었습니다. 더구나 방글라데시에서는 화장을 하면 영혼이 쉴 집이 없어진다고 해서 화장을 금지하고 있었습니다. 리만은 공장장에게 사정했습니다.

"넌 나서지 마. 불 때문에 난 손해가 얼만 줄이나 알아? 죽은 사람 고향으로 보내는 건 누가 공짜로 해 준대? 화장이라도 해서 돌려보내는 것도 우리 회사니까 해 주는 거야."

"그래도 안 돼요! 아지즐은 이 회사 노동자였어요. 회사는 책임 있어요."

"시끄러워! 그 자식들이 제대로 일이나 하고 죽었어? 남 걱정 말고 너나 제대로 해."

아무도 외국인 노동자들의 처지를 생각하지 않았습니다. 경찰도 화재 조사는 뒷전이었고 오히려 불법 체류자를 찾는 데 혈안이 되어 있는 것 같았습니다.

"네가 잡히면 회사도 벌금 내야 하는 거 알잖아. 밖에 아직 경찰 있으니까 알아서 도망쳐."

'경찰'이라는 말에 리만은 움찔했습니다. 이제 아지즐을 위해 나서기보다는 그곳에서 무사히 도망치는 것이 중요했습니다.

리만은 조심조심 회사 뒷문으로 빠져나왔습니다. 사람들의 눈을 피해 리만은 온 힘을 다해 담벼락을 기어올랐습니다. 그때 뒤에서 누군가 소리를 지르며 쫓아왔습니다. 리만은 멈추지 않았습니다. 문득 두 아이의 얼굴이 떠올랐습니다. 고향에서 자신을 기다리고 있을 착한 아내의 얼굴도 떠올랐습니다.

리만은 숨을 후 크게 들이마신 후, 높은 담장에서 훌쩍 뛰어내렸습니다.

이주 노동자는 왜 한국의 법을 어기는 걸까?

전 세계에는 자기 나라를 떠나 다른 나라에서 일을 하는 '이주 노동자'가 2억 명이나 있다. 2006년, 이들 중 약 70만 명이 한국에서 일하고 있으며 그 중 23만 명이 불법 체류자다.

왜 다른 나라로 일하러 갈까?

리만 아저씨는 우리나라에 관광을 하러 온 것도 아니고 유학을 온 것도 아니야. 그래, 리만 아저씨는 이주 노동자란다. 왜 이들은 자기 나라와 가족을 떠나 낯선 나라에서 일을 하는 걸까?

어떤 나라는 일할 사람이 없어서 곤란하고 또 어떤 나라는 일자리가 부족해서 곤란을 겪지. 그래서 일자리가 없는 사람들이 일자리가 많은 나라로 떠나는 거야. 또 같은 일을 한다고 해도 자신의 나라보다 다른 나라에서 더 많은 수입을 버는 경우도 있어. 그래서 보다 좋은 조건으로 일할 수 있는 곳을 찾아 이주를 하는 거지. 이주 노동자는 해마다 증가하고 있고 전 세계적으로 나타나고 있는 현상이야. 우리나라에서 일자리를 찾는 외국인 노동자 또한 점점 많아지고 있어.

한국에 이주 노동자가 들어온 것은 1987년부터야. '한국은 잘 사는 나라'라는 소식이 세계에 알려지면서 이주 노동자들이 한국을 찾기 시작했지.

일은 하지만 노동자는 아니다?

다른 나라에 와서 일을 하는 건 전혀 잘못된 일이 아니야. 그런데 왜 이주 노동자라는 말을 들으면 불법 체류, 단식 농성, 추방 같은 나쁜 말들이 먼저 떠오르는 걸까?

'3D 업종 기피 현상'이란 말을 들어 봤을 거야. 궂은(Dirty) 일, 힘든(Difficult) 일, 위험한(Dangerous) 일은 하기 싫어하고, 쉽고 편안한 일을 선호하는 것을 말해. 선진국일수록 이런 현상이 더 심하지. 우리나라도 마찬가지란다. 건설 현장이나 공장처럼 월급이 적고 힘든 곳에서 일하려는 사람들이 줄어들었어. 정부는 그에 대한 대책으로 1992년에 '산업 연수생 제도'를 만들어 이주 노동자를 받아들였단다. 그런데 산업 연수생은 노동자가 아니라 학생 신분이어서 월급을 많이 주지 않아도 되고, 노동자의 권리도 보장해 줄 필요가 없지.

정해 준 직장에서 3년 동안만

산업 연수생 제도는 이주 노동자들에게 아주 불리하게 되어 있어. 체류 기간을 3년으로 제한했고, 우리 정부가 정해 준 직장이 아무리 힘들고 임금이 적다해도 다른 직장으로 옮길 수 없어. 자기가 원하는 곳에서 일하고, 일한 만큼 대가를 받는 것은 개인의 자유이고 권리인데 불법이라니 참 이상하지?

물론 이렇게 하는 데에는 그럴 만한 이유가 있어. 이주 노동자들의 체류 기간을 3년으로 제한한 것은 우리나라 노동자들의 일자리를 보호하기 위해서야. 일자리는 정해져 있는데 노동자 수가 많아지면 자연히 경쟁이 심해질 테고, 회사에서는 우리나라 노동자에 비해 임금이 싼 이주 노동자만 고용하게 될 테니까. 그래서 3년 이상 머물지 못하게 한 거지.

이주 노동자가 직장을 옮기지 못하게 한 것에도 이유가 있어. 이주 노동자가 무작정 직장을 떠나 다른 곳으로 가버리면 찾기도 어렵고 관리하기도 힘들기 때문이야. 하지만 이주 노동자를 관리하는 것과 이주 노동자의 자유 중 어느 것이 더 중요한 문제인지 고민했다면 이런 단편적인 정책을 내놓지는 못했을 거야.

이주 노동자를 노동자로 인정하는 고용 허가제

그럼 이주 노동자들은 왜 법을 어기면서까지 우리나라에 남아 있으려고 하는 걸까?

이주 노동자들은 한국에 오는 비용을 마련하기 위해 거의 전 재산을 쓴단다. 집과 땅을 팔고 주위 사람에게 돈을 빌려 그 비용을 마련하지. 그런데 아무리 열심히 일해도 3년 동안 일해서 번 돈으로는 우리나라에 올 때 쓴 빚조차 갚기 어려워. 그 때문에 불법 체류인 줄 알면서도 남아 있으려는 거야. 임금을 더 많이 주는 회사로 옮기고 싶어 하는 이유도 바로 그 때문이지.

이주 노동자들의 힘든 상황이 알려지면서 이들을 돕기 위한 노력도 시작되었어. 그 결과 2004년에 '산업 연수생 제도'가 '고용 허가제'로 바뀌었지. 이주 노동자도 한국인 노동자와 똑같이 노동법의 보호를 받고 노동권도 가지게 된 거야. 임금 차별도 사라졌고 보험에 가입할 수도 있게 되었어. 하지만 3년이라는 한정된 기간 동안, 정해진 직장에서만 일해야 한다는 내용은 바뀌지 않았어. 그래서 이주 노동자들의 불법 체류는 여전히 줄지 않고 있는 실정이야.

한국에서 불법 체류자로 산다는 것

법과 제도를 어긴 사람에게 그에 맞는 제재나 벌을 주는 건 당연한 일이야. 사정이 딱하긴 하지만 불법 체류자들의 경우도 마찬가지란다. 단속반에게 잡히면 강제로 추방을 당해. 그러니 한시도 마음 편하게 쉴 수 없지. 네가 집에서 한참 달콤한 꿈을 꾸며 자고 있을 때, 학교에서 수업을 듣고 있을 때, 가족과 맛있는 저녁을 먹고 있을 때 누군가 갑자기 찾아와서 잡아간다고 생각해 봐. 얼마나 불안하겠니?

심지어는 이런 경우도 있었어. 불법 체류자 한 사람이 교통사고를 당해 크게 다쳤는데 경찰이 다가오는 걸 보고는 다친 몸을 이끌고 도망쳤대. 자기를 잡으러 오는 단속반인 줄 알고 말이야. 얼마나 두려웠으면 그랬을까.

불법 체류 노동자(미등록 노동자)는 회사에서도 많은 차별을 받아. 같은 일을 해도 다른 사람들보다 임금이 적고, 일부러 월급을 주지 않는 회사도 있지. 일을 하다 다쳐도 보상은커녕 쫓겨나기 일쑤야. 미등록 노동자라는 약점을 갖고 있기 때문에 이런 차별을 받아도 항의할 수가 없단다.

이주 노동자, 함께 살아가야 할 사람들

우리나라도 많은 사람들이 다른 나라로 일하러 가고 있어. 그 중에는 미등록 노동자가 되어 머물고 있는 사람들도 있지. 특히 일본에는 6만 명이나 되는 한국인이 불법 체류를 하고 있다고 해. 그들도 우리나라의 미등록 노동자들처럼 차별을 받고 억울한 일을 당한단다. 우리나라 사람이 외국에서 그런 부당한 대우를 받는다는 걸 알면 화가 나지? 우리가 외국에서 평등한 대우를 받기 바란다면, 우리나라에 온 이주 노동자를 정당하게 대우하는 것은 당연한 거야.

이주 노동자는 도움을 받기 위해 온 불쌍한 사람들이 아니야. 또 법을 어기기 위해 온 사람도 아니지. 우리 노동자들이 하지 않으려는 일을 대신하고, 일한 대가를 정당하게 받으려고 온 노동자들이야. 이 땅에서, 우리와 함께 호흡하고 살아가는 이웃들이지. 이제는 그들이 차별받지 않도록, 미등록 노동자가 되어 숨어 지내는 생활을 하지 않도록 함께 어울려 살아갈 방법을 찾아야 할 때가 아닐까?

우리 닮았나요?

우리 집 앞에는 공터가 있습니다. 교회가 들어설 거라는 소문만 무성할 뿐 몇 년째 방치되어 있지요. 공터 한구석에는 컨테이너가 있고, 주위로 상추, 고추, 호박에 고구마까지 심어져 있습니다. 마을 사람들이 공터에 채소를 심기 시작했거든요. 우리 가족도 컨테이너 바로 앞에 상추와 고추, 깻잎을 심었습니다.

이 컨테이너에는 저만 알고 있는 비밀이 있어요. 그 비밀은 말이죠, 컨테이너 안에 두 명의 아이가 살고 있다는 거예요. 언제부터 살고 있었는지, 얼마나 살았는지 모르지만, 어느 날 엄마 심부름으로 상추를 뜯으러 갔다가 알게 되었답니다.

콧노래까지 흥얼거리며 상추를 뜯고 있는데, 컨테이너에 있는 창문으로 까만 꼬맹이가 저를 쳐다보고 있었어요. 얼마나 놀랐던지 상추밭에 주저앉고 말았다니까요. 제 모습을 보고 꼬맹이가 키득키득 웃더군요. 그 웃음에 용기도 나고, 도대체 누가 살고 있는 걸까 궁금하기도 했어요. 그래서 살금살금 창문 쪽으로 다가서는데 갑자기 커튼이 확 닫히면서 그 꼬맹이가 사라져 버렸답니다.

'노크를 해 볼까?'

하지만 무서운 생각이 들었어요. 커튼을 닫은 사람이 혹시 나쁜 아저씨여서 제게 해코지라도 하면 어떡해요. 그런 생각이 들자 겁이 덜컥 나서 집으로 도망치고 말았지요.

그날은 그냥 돌아왔지만 자꾸만 궁금해졌어요. '그 꼬맹이는 누굴까, 왜 컨테이너 안에서 살고 있을까, 왜 문이 잠겨 있을까, 나쁜 어른에게 납치를 당한 걸까, 내가 도와야 하는 건 아닐까…….'

이런저런 생각이 빙빙 돌아 머리가 지끈지끈 아팠어요. 그런데 제가 궁금한 건 못 참는 성격이거든요. 마음을 굳게 먹고 다음 날 날이 밝자마자 다시 컨테이너로 가 보았지요.

커튼 때문에 안이 보이진 않았지만 안쪽에서 소곤소곤 이야기 나누는 소리가 들려왔어요.

저는 멀찍이 떨어져서 창문을 향해 작은 돌멩이를 던졌어요.

한 번……, 두 번……, 세 번…….

아무 대답도 없었지요. 막 네 번째 돌멩이를 던지려는데, 커튼 사이로 남자 아이의 얼굴이 나타났어요.

저는 꼴깍 침을 한 번 삼키고 용기를 내어 말했어요.

"난 이지현이야. 한국에 살고……. 음, 한국에 사는 건 알 테고, 하여튼 난 아홉 살이야."

그러자 아이는 너듬너듬 자신의 이름을 말하고는 손가락을 펴 보였습니다. 이름은 크리슈나, 저랑 같은 아홉 살이라고 했습니다. 옆에 있는 꼬맹이의 이름은 지아, 네 살이고 여동생이래요.

"네 살? 지아? 와, 정말 귀엽게 생겼다."

지아는 천진한 얼굴로 웃었습니다.

6년 전, 크리슈나는 부모님을 따라 방글라데시에서 왔다고 합니다. 그런데도 크리슈나는 우리말이 좀 서툴렀어요. 아마 학교에 안 다녀서 그런 것 같았죠.

"그런데 너희들, 왜 여기에 갇혀 있는 거니?"

"아니야, 갇힌 거!"

크리슈나가 화를 냈습니다. 저도 기분이 상했어요. 휙 돌아서 가려는데 크리슈나가 저를 부르며 입술에 손가락을 갖다 대었어요. 아무에게도 말하지 말라는 뜻인 것 같았어요. 그래서 저도 똑같이 흉내를 내며, '비밀'이라고 말해 줬습니다.

그 후 저는 종종 컨테이너로 놀러갔습니다. 아이스크림이랑 과자도 가져다주고 학교에서 배운 노래도 가르쳐 주었어요. 크리슈나도 노래를 들려주었는데, 제 귀에는 그저 '와따르르르~ 촤르르르르~' 이렇게만 들렸답니다. 때로는 제가 보던 그림책도 가져다주었습니다. 그림이라도 보라고요.

"코맙습니다."

크리슈나와 지아가 고개를 꾸벅하며 인사를 했습니다. 이제 심심하지 않을 것 같다나요. 그래서 얼른 집으로 뛰어가서 그림책을 몽땅 가서왔습니다. 크리슈나 남매를 기쁘게 해 주고 싶었거든요.

 그날 크리슈나는 많은 이야기를 했습니다. 크리슈나의 엄마는 불법 체류 단속에 걸려서 방글라데시로 쫓겨났대요. 그래서 아빠와 함께 이곳에 숨어 지내는 거라고요. 아빠는 일하러 갈 때마다 자물쇠로 문을 꼭꼭 걸어 잠그고, 절대 커튼을 열지 말라고 당부하신답니다. 아이들이 잡혀갈까 봐 걱정이 돼서 그러는 거래요. 아빠가 오시면 아주 잠깐, 밖에 나가 맑은 공기를 마신다고 합니다. 하지만 공터에 심어져 있는 채소는 하나도 따 먹지 않았다고 했습니다.

 그런데 아까부터 계속 냄새가 났어요. 크리슈나에게 물었더니, 아무 말도 없이 고개를 숙였습니다. 옆에서 지아가 웃으며 똥을 쌌다고 했습니다. 그러면서 "똥, 똥, 똥." 하며 컨테이너 안을 빙빙 돌았습니다.

 삼 일 전부터 아빠가 안 오신다고 했습니다. 그래서 물이 떨어져 지아가 똥을 쌌는데도 씻겨 주지 못했다고요. 이 말을 하며 크리슈나가 어깨를 떨며 울기 시작했어요. 저도 그만 울고 말았습니다.

 그래도 울고만 있을 수는 없었어요. 크리슈나와 지아에게 도움을 주고 싶었거든요. 저는 집까지 한달음에 달려가 물통에 물을 받아 배낭에 넣었습니다. 그리고 바가지에도 물을 가득 채웠습니다. 가만가만 걸었는데도 걸을 때마다 바가지에서 물이 흘렀습니다. 컨테이너에 도착했을 땐 바가지에 물이 반밖에 남지 않았지만 창문으로 물을 넘겨주었습니다. 그렇게 몇 번 더 물을 날라 주었습니다. 크리슈나는 고맙다며 몇 번씩이나 인사를 했어요. 팔과 어깨가 너무 아팠지만 크리슈나가 좋아하는 모습을 보니 기분이 좋았습니다. 그래도 크리슈나의 아빠가 며칠째 오시지 않았다니 너무 걱정이 되었어요.

"크리슈나, 어른들한테 말씀드려서 자물쇠를 부술까?"

"안 돼! 안 돼! 그러면 우리 잡혀가. 안 돼!"

크리슈나가 펄쩍 뛰었습니다. 대신 크리슈나 아빠가 오실 때까지 매일 물을 나르기로 약속했습니다. 엄마 몰래 쌀을 퍼서 가져다주기도 했어요.

하루, 이틀이 지나고 이제 일주일이 지났습니다. 그때까지도 크리슈나 아빠는 오시지 않았어요. 혹시 무슨 사고라도 난 것일까요? 오늘도 안 오시면 내일은 부모님께 말씀드려야겠다고 마음먹었습니다.

그런데 저녁 무렵, 크리슈나와 지아가 한 아주머니와 함께 찾아왔습니다. 둘 다 깨끗한 옷을 입고 있었습니다. 컨테이너 창 너머로만 봐서 몰랐는데, 크리슈나는 저보다도 훨씬 컸습니다. 아주머니가 말씀하셨어요.

"안녕? 네가 지현이니? 난 외국인 노동자 센터에서 일하고 있어. 크리슈나가 널 꼭 만나야 한다고 해서 들렀단다."

"우리, 방글라데시에 가. 아빠도 잡혀서 강제 출국 당할 거래. 우리 먼저 방글라데시에 가는 거야. 엄마 만날 거야."

저는 조금 서운했지만 크리슈나와 지아가 부모님과 살게 되어 마음이 놓였습니다.

"부모님 만나니까 좋겠다. 잘 가. 다음에 꼭 다시 만나자."

저는 크리슈나와 악수를 하고 지아는 꼭 안아 주었어요. 눈물이 날 것 같았지만 꾹 참았습니다.

크리슈나와 지아는 아주머니의 손을 잡고 버스 정류장 쪽으로 걸어 갔습니다. 저는 친구들이 보이지 않을 때까지 손을 흔들었습니다. 크리슈나도 몇 번이나 뒤를 돌아보며 손을 흔들었습니다.

크리슈나와 지아, 제 사진입니다. 두 아이가 떠나는 날, 함께 오신 아주머니가 찍어 주신 사진이에요.
사진 속에서, 우린 모두 환하게 웃고 있어요. 크리슈나가 웃는 모습은 처음 봅니다. 저처럼 앞니가 빠졌더라고요. 아마 그것이 창피해서 그동안 웃지 않았나 봅니다.
어때요? 우리 많이 닮았지요?

이주 아동도 한국 아동과 똑같은 권리가 있다

"모든 아동은 출생 후 즉시, 이름을 가질 권리와 국적을 가질 권리를 가진다. 또한 언제 태어났는지, 부모는 누구인지 기록으로 남겨야 한다."

– 유엔 아동 권리 협약 제7조

국적 없는 아이들

사람은 모두 태어나면서 '국적'이라는 것을 가지게 된단다. 국적은 한 나라의 구성원이 되었다는 것을 증명하는 것이지. 한국인, 미국인, 중국인, 방글라데시인이란 말들은 모두 국적을 가리키는 거야.

그런데 국적을 부여하는 요건은 나라마다 조금씩 다르단다. 미국은 비록 다른 나라 사람일지라도 자기네 영토에서 태어나면 미국 국적을 주고 있어. 하지만 우리나라는 달라. 엄마나 아빠, 둘 중 한 사람이라도 한국인이어야 아기도 한국인이 될 수 있어. 한국인 부모가 외국에서 아기를 낳았다 하더라도, 그 나라에 출생 신고를 하지 않고 우리나라에서 했다면 그 아기는 한국인이야.

그러면 이야기 속의 지아처럼 한국에서 태어난 외국인 아이는 어떤 국적을 가질까? 지아의 부모님은 방글라데시 사람이야. 그렇기 때문에 우리나라에선 출생 신고를 할 수 없어. 부모님 나라에 가서 출생 신고를 하고, 지아도 방글라데시 사람이 되어야 해. 하지만 지금 지아는 방글라데시인도 아니고 한국인도 아니야. 어느 나라에도 출생 신고를 하지 않아서 국적이 없는 상태지.

이주 노동자 중 많은 수가 불법 체류자라는 건 알고 있을 거야. 만약 불법 체류자라는 게 알려지면 한국에서 추방당해. 그래서 이주 노동자 부부는 결혼을 해도 혼인 신고를 할 수가 없어.
　이런 상황에서 아이가 태어나면 어떻게 될까? 아이가 국적을 가지려면 부모가 자기 나라로 가서 출생 신고를 하거나 한국에 있는 그 나라 대사관으로 가서 신고를 해야 해. 하지만 불법 체류자인 부모가 출생 신고를 하기 위해 자기 나라로 돌아갔다가 다시 한국으로 돌아오는 것은 불가능해. 또 대사관에 갔다가 불법 체류자인 것이 밝혀지면 한국에서 강제로 쫓겨날 수 있지. 그렇기 때문에 지아처럼 많은 이주 노동자의 자녀들이 출생 신고를 하지 못해 국적이 없는 상태가 되는 거야.

학교에 갈 수 없는 아이들

이주 노동자가 한국에 들어오기 시작한 지도 20년이 넘었어. 그 사이에 이주 아동의 수도 2005년에 17,300명으로 늘어났지. 모든 아동은 학교에 갈 의무와 권리가 있어. 이주 아동도 마찬가지야. 이주 아동 중 외국인 학교와 일반 학교에 다니는 학생 수를 모두 합해도 9,374명밖에 안 된다고 해. 그럼 나머지 7,926명은 어디에서 무엇을 하고 있을까?

학교에 안 가면 하루 종일 자기 마음대로 지낼 수 있으니 부럽다고? 하지만 이주 아동은 학교에 안 가는 것이 아니라 못 가는 거란다.

이주 아동이 학교에 못 가는 이유는 뭘까? 이주 아동들의 부모가 대부분 불법 체류자이기 때문이야. 학교에 보냈다가 부모가 불법 체류자라는 게 밝혀질까 봐 학교에 보내지 않는 거지.

학교에 보내지 않을 뿐 아니라, 단속반이 아이들을 따라와서 부모를 잡아가는 경우도 있기 때문에 아이들이 집에서 나오지 못하도록 가둬 두는 경우도 있대. 또 학교에 간다 해도, 부모가 자주 일자리를 옮기기 때문에 계속 공부하기 힘든 여건에 놓여 있어.

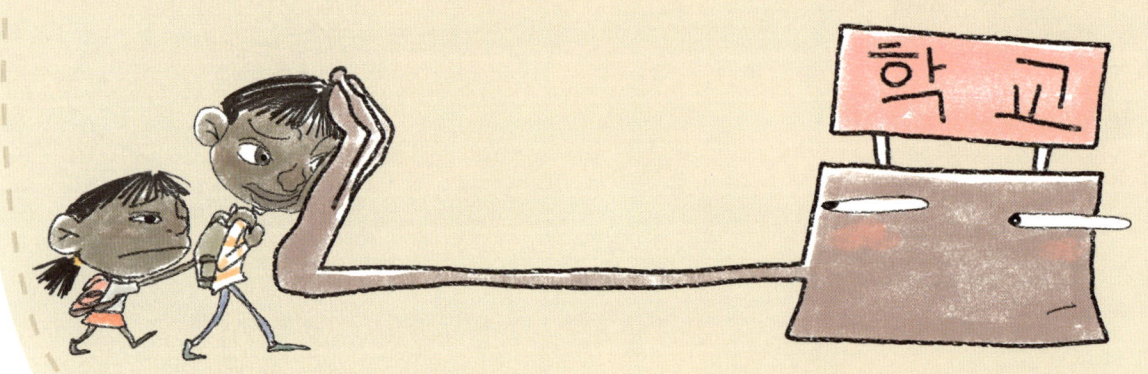

말과 문화가 달라서 힘들다

이주 아동이 겪는 어려움은 한두 가지가 아니란다. 가장 큰 문제는 학교에서 이주 아동을 받아들이지 않아 입학을 못 하는 경우지. 운 좋게 입학을 하더라도 진도를 따라가지 못해 생기는 문제나, 친구를 사귀면서 겪는 갈등 등 어려운 점이 많아. 그건 우리말에 서툴러서 말이 잘 통하지 않기 때문이야. 말을 알아들어야 수업 내용도 이해하고 친구도 사귈 수 있잖아. 볼일이 급한데 화장실 팻말을 읽을 수 없다면 학교생활이 얼마나 힘들겠니.

대개의 경우 한국어를 잘 못하고, 그동안 한국 교과서로 공부한 적이 없기 때문에 대부분 자기 나이보다 어린 학년에서 공부하게 돼. 그러다 보니 나이 차이가 나는 어린 아이들과 친구가 되기 힘들지. 게다가 피부색이 다르다고 따돌리고, 한국어를 잘 몰라서 성적이 낮을 뿐인데도 '바보'라고 놀리는 아이들도 있어.

이주 아동은 서로 다른 문화 때문에 오해를 사기도 한단다. 어떤 이주 아동이 학교 급식에 돼지고기 반찬이 나와서 열심히 고기 조각을 골라냈대. 그 아이는 이슬람 신자인데 이슬람교에서는 돼지고기 먹는 것을 금지하지. 그런데 그런 사실을 몰랐던 선생님이 편식을 한다며 아이를 호되게 나무랐단다.

이주 아동을 만나면 조금 답답할지도 몰라. 말도 잘 통하지 않고 문화도 다르니까. 그렇다고 "넌 나와 달라. 그래서 친구가 되는 게 힘들어." 하고 돌아서지 말고, 상대의 입장이 되어 생각해 보렴. 내가 지금 외국의 한 초등학교에 다니고 있다고 생각하는 거지. 그러면 지금 옆에 있는 이주 아동을 어떻게 대해야 할지 마음으로 느낄 수 있을 거야.

이주 노동자는 한국의 일부분이다

　1987년, 우리나라에 첫 이주 노동자가 들어온 이후, 현재는 약 70만 명의 이주 노동자가 일하고 있습니다.

　이주 노동자에 대한 우리의 생각은 다양합니다. 이주 노동자에 의한 사건이나 사고가 알려질 때면 이주 노동자를 한국에서 내보내야 한다는 목소리가 높아지고, 반대로 이주 노동자의 힘든 생활이 보도되면 반성의 소리가 높아집니다.

　중요한 것은, 우리가 이주 노동자를 어떻게 생각하든지 이주 노동자는 이미 우리 사회의 일부분이라는 사실입니다. 여러분은 이주 노동자를 어떻게 바라보고 있나요?

이주 노동자들이 한국에 정착해서 살 경우 그 사람들에게도 사회 복지비를 써야 합니다. 하지만 우리나라 국민도 아닌 사람들을 위해 국민이 내는 세금을 쓸 수는 없는 노릇 아닌가요?
단속을 해서 추방을 하는 것도, 이주 노동자가 우리나라에 오랫동안 머물면서 일자리를 차지하지 못하게 막는 것입니다.
또 어떤 범죄를 저지를지도 모르니 회사를 떠나지 못하게 막아야 합니다.

정부

이주 노동자들은 우리나라 법을 어기고 밀입국한 범죄자다. 질병을 퍼뜨리거나 마약 밀매 같은 범죄를 저지를 것이다. 또 우리나라 사람과 결혼해서 혼혈아를 만든다. 우리나라는 단일 민족 국가인데 혼혈아나 외국인이 우리나라에 살면 더 이상 우리나라는 그런 정통성을 갖지 못하게 된다.

한국인 1

가난하고 배고픈 나라에서 온 불쌍한 사람들이니 잘 대해 줘야 해요.

한국인 2

한국에서 오래 머물며 돈을 벌고 싶어요. 한국인과 동등한 노동자로 인정해 주세요. 합법적 노동자가 되면, 정당하게 세금을 낼 것이니, 의료 보험과 사회 보장 제도의 혜택도 받아야 해요.

이주 노동자

이주 노동자는 꼭 필요하다. 일을 할 사람이 매우 부족하다. 일할 사람이 없으면 우리나라 경제 상황이 나빠질 것이다. 지금 이주 노동자는 회사를 벗어날 수 없기 때문에 힘들고 위험한 일을 시켜도, 임금을 조금만 주어도 된다. 하지만 이주 노동자의 기본권을 인정하면 임금을 더 많이 줘야 한다. 지금보다 1조 2000억 원이나 더 줘야 하는데 그 돈을 왜 남의 나라 사람에게 주나. 또 회사에 반항하고, 노사 분규를 일으켜서 귀찮게 할지도 모른다.

기업가

나와 다르다고 차별하면 촌스럽겠지?
인종과 민족

우리 엄마는 인순이 아줌마의 팬입니다.
인순이 아줌마가 '거위의 꿈'을 부를 때면 눈물까지 글썽일 정도지요.
"엄마가 어렸을 땐 말이야.
모자를 쓰지 않은 인순이 아줌마는 볼 수 없었어.
모자를 쓰지 않으면 방송에 출연할 수 없었거든."
"왜요? 왜 모자를 써야 했는데요?"
"인순이 아줌마의 꼬불꼬불한 머리 모양이 혐오감을 준다고 그랬대."
"진짜?"
난 꼬불꼬불한 인순이 아줌마의 머리 모양이 멋지기만 합니다.
하지만 엄마가 거짓말을 했을 리도 없고
옛날에는 이상한 일이 참 많았나 봐요.

한 방울의 피가 결정한다

수지는 하얀 피부에 금발, 파란 눈을 가진 젊은 여성입니다. 루이지애나 주에서 부모님과 함께 살고 있지요. 수지는 이번 여름휴가를 외국에서 보낼 계획입니다.

"수지야, 이번에 여행 간다며? 어디로 갈 거야?"

"뉴질랜드로 정했어. 처음으로 가는 해외여행이라 가고 싶은 곳이 너무 많아서 어디로 갈지 한참 고민했다니까."

"와, 좋겠다. 뉴질랜드는 자연 경관이 아름답다던데. 준비는 다 했어? 여권은 있고?"

"아차! 가장 중요한 여권을 깜박했네."

수지는 한 달 전부터 여행 준비를 했습니다. 어느 나라로 갈지, 또 어떤 곳을 관광할지, 여행 정보 책자들도 훑어보고 주위 사람들에게 조언을 구하기도 했지요. 그런데 여권 만드는 것을 깜박 잊고 있었네요. 수지는 그날 당장 여권을 신청했습니다.

미국은 여러 인종이 함께 살고 있어서 여권을 신청할 때 자신의 인종을 적어야 합니다. 수지는 당연히 '백인'이라고 적었어요. 여권을 신청하고 나서 뉴질랜드행 비행기 시간표도 살펴보았지요.
　며칠 후, 수지는 여권을 찾으러 갔습니다. 그런데 여권을 받을 수 없었어요. 담당자는 그녀의 인종 표시가 잘못되었다며 여권을 만들어 줄 수 없다고 했습니다.
　"제가 인종 표시를 잘못했다고요? 분명히 '백인'이라고 제대로 적은 것 같은데……. 이상하네요, 그럼 다시 신청하면 될까요?"
　수지가 당황해서 물었습니다. 자신이 여권 신청서의 인종 표시 항목에 '백인'이라고 적지 않았나 보다 생각했습니다. 잘못 기록했다면 다시 신청하면 된다고 생각했지요. 하지만 여권을 발급하는 담당자는 뜻밖의 말을 했습니다.
　"다시 '백인'이라 적어서 신청해도 역시 여권을 받을 수 없어요. 수지 씨, 당신은 백인이 아니라 흑인이잖아요. 아직 그 사실을 몰랐나요?"
　"네? 제가 흑인이라고요?"
　수지는 기가 막혔습니다. 부모님도 백인이고 자신도 하얀 피부에 금발인데 어떻게 자신이 흑인이라는 건지 알 수 없었어요.
　"뭔가 착각하신 거 같아요. 제가 흑인이라고요? 제가 흑인처럼 보이세요?"
　"그건 나도 모릅니다. 하지만 당신의 출생 기록부에는 분명히 흑인이라고 적혀 있어요. 그런데 여권 신청서의 인종 표시에는 백인이라고 적었으니……. 어쨌든 여권은 만들어 줄 수 없습니다. 여권을 발급받고 싶으면 '흑인'이라고 적어서 다시 신청하세요."

　수지는 지금까지 백인으로 살았고 백인으로 대우를 받았습니다. 백인들이 많은 동네에 살면서 은근히 흑인이나 남아메리카 사람, 아시아 사람들을 무시하며 살았지요. 그런데 갑자기 자신에게 흑인이 되라니요?

　이제 여름휴가가 문제가 아니었습니다. 하루아침에 흑인이 될 상황이었으니까요. 결국 수지는 여름휴가를 포기했습니다. 대신 자신의 출생 기록부를 바꾸기 위해 루이지애나 주를 상대로 재판을 시작했지요.

"저는 분명히 백인입니다. 그런데 출생 기록부에는 흑인이라고 기록되어 있습니다. 뭔가 착오가 있는 것 같으니 제 출생 기록부를 고쳐 주세요."

하지만 수지는 재판에서 지고 말았습니다. 루이지애나 법원은 수지가 흑인이라고 판결했습니다.

"조상 중에 흑인이 한 명이라도 있다면 다른 조상들이 모두 백인이어도 당신은 백인이 아니다. 그런데 당신의 조상 중에 흑인이 있다. 그러므로 당신은 흑인이다."

법원은 '피 한 방울의 법(One drop rule)'을 근거로 이런 판결을 내렸습니다. '피 한 방울의 법'이란 조상 중에 백인이 아닌 사람이 단 한 명이라도 있으면, 그래서 백인이 아닌 사람의 피가 한 방울이라도 섞여 있으면 그 후손은 모두 흑인이라는 내용의 법입니다. 더불어 이 법에선 미국인을 백인과 흑인, 두 가지 인종으로만 나누고 있습니다. 백인이 아닌 사람(흑인, 인디언, 흑인 혼혈, 아시아인 등 피부색이 진한 사람)은 모두 흑인으로 간주하는 것이지요. 이 법에 따르면 수지의 오랜 조상 중 한 사람이 아프리카에서 온 흑인이었기 때문에 수지 또한 흑인이 될 수밖에 없습니다.

하얀 피부, 금발에 파란 눈을 가졌지만 수지는 흑인입니다. 수지의 자녀들 또한 마찬가지겠지요. 하지만 수지는 여전히 자신이 흑인이라는 사실을 인정할 수 없었습니다.

피부색으로 사람의 등급을 정한다고?

1967년 미국 최고 재판소는 '피 한 방울의 법'이 헌법에 위배된다고 판결했다. 한편 유명한 미국 가수 머라이어 캐리는 한 인터뷰에서 자신이 흑인이라고 말했다. 조상 중에 흑인이 있기 때문이라는 것이다.

사람의 피부색은 왜 다를까?

우리는 흔히 사람을 생김새에 따라, 특히 피부색에 따라 황인종, 백인종, 흑인종 등으로 나누곤 해. 그럼 피부색은 왜 다를까? 그건 피부 속에 있는 멜라닌의 양이 다르기 때문이야. 멜라닌은 태양 광선, 특히 자외선으로부터 피부를 보호해 주는 역할을 하는 색소야. 자외선을 많이 받으면 피부암에 걸리거나 화상을 입게 돼. 여름에 바닷가에서 햇빛을 너무 오래 쬐면, 피부가 빨갛게 화상을 입고 허물까지 벗겨질 때가 있지? 멜라닌 색소가 없었다면 더 심하게 화상을 입었을 거야.

아프리카는 햇빛이 강하고 더운 곳이야. 자연히 아프리카에 사는 사람들은 자외선으로부터 피부를 보호해 줄 멜라닌 색소를 많이 갖게끔 유전적으로 발달해 왔을 테고, 그 유전자를 후손들이 물려받았을 거야. 그들의 검은 피부는 햇빛으로부터 자신을 보호하도록 환경에 적응한 결과인 거지.

그런데 백인도, 우리 같은 황인도, 햇빛을 많이 받으면 멜라닌 색소가 많아져서 피부색이 진해져. 하지만 아무리 까맣게 태워서 피부색이 검어진다고 해도 흑인이라고 부르지는 않아. 또 수지처럼 피부와 생김새가 백인과 같더라도 법에 따라 흑인이라고 해야 한다면 그것도 이상한 일이지.

결국 피부색에 따라 인종을 나누는 것은 의미가 없다는 말이야. 사람은 피부색이나 생김새에 상관없이 그저 한 명의 인격체로만 존재하는 거니까.

피부색이 능력을 결정한다? 백인이 가장 우수한 인종이다?

그런데도 여전히 피부색에 따라 인종을 나누고 피부색이 그 사람의 능력이나 품성을 결정한다고 주장하는 사람들이 있어. 이런 사람들을 '인종주의자'라고 해. 인종주의자는 인종에 따라 생물학적인 차이가 있고, 이것이 인간의 능력을 결정한다고 믿고 있기 때문에 인종 차별은 당연한 거라는 주장을 펴기도 해.

인종주의는 19세기에 다윈의 진화론을 근거로 생겼단다. 진화론은 '생물은 하나의 조상에서 시작되어 지금의 수많은 종으로 다양하게 진화했다.'는 이론이야. 다윈은 사람과 원숭이의 조상이 같다고 말했어. 당시 사람들에게는 충격적인 말이었지. 사람이 원숭이보다 훨씬 뛰어나다고 생각했는데 원숭이와 사람이 같은 뿌리를 가지고 있다니 믿을 수 없었을 거야. 하지만 차츰 다윈의 이론이 인정을 받으면서 몇몇 백인들은 엉뚱한 주장을 하기 시작했어.

"다윈의 학설대로, 조상이 같더라도 환경에 따라 서로 다르게 진화한다. 그래서 피부색이 서로 다른 여러 인종이 생긴 것이다. 원숭이에서 흑인으로, 흑인에서 백인의 순서로 진화한 것이 틀림없다. 그러므로 가장 진화한 인종은 바로 키가 크고 금발에 파란 눈과 하얀 피부를 가진 백인이다."

그러면서 백인이 흑인이나 황인처럼 피부색이 짙은 사람들보다 두개골이 커서 지능이 높고 문화도 발달했으므로 더 우수한 인종이라고 주장했지. 하지만 그들이 주장하는 것처럼 두개골의 크기로 지능이 결정된다면, 세 인종 중 가장 큰 두개골을 가지고 있는 황인이 더 뛰어나야 할 거야. 하지만 여러 과학 자료가 밝히고 있듯 두개골의 크기와 지능은 상관이 없어. 또한 지능 검사도 경제 수준이나 교육 같은 환경의 영향을 많이 받기 때문에 절대적인 기준이 될 수 없지.
 누구의 문화가 더 발달했는가를 따지는 것도 우스운 일이야. 인도와 중국, 아랍 등 아시아 문화는 서양보다 더 일찍, 더 화려하게 꽃을 피웠으니까. 문화는 서로 영향을 주고받으며 함께 발달하는 것이지 어느 쪽이 더 우월하다고 할 수 없는 거야.
 결국 피부색으로 사람의 우열을 가리는 것도, 백인이 다른 인종들보다 더 우수하다는 것도 모두 잘못된 생각이지. 그런데도 백인들은 왜 이런 주장을 했을까? 여러 이유가 있겠지만, 인종주의를 핑계로, 우수한 백인이 열등한 유색 인종을 지배할 권리가 있다고 주장하기 위해서야. 그래서 백인이 많이 사는 유럽과 북아메리카의 국가들이 아프리카와 아시아를 지배하고 착취하는 일들이 버젓이 일어났던 거야.

어떤 차별을 받았을까?

 북아메리카에 새로 정착한 백인은 그곳에 살고 있던 인디언을 몰아냈어. 그리고 아프리카에서 가족과 함께 평화롭게 살던 사람들을 강제로 끌고 와서 노예로 부렸지. 뒤에 남북 전쟁으로 노예 제도는 사라졌지만 흑인에 대한 인종 차별은 계속됐어. 흑인은 학교, 식당, 화장실, 열차, 직장, 심지어 교회까지도 백인과 함께 이용할 수 없었어. 하지만 마틴 루터 킹 목사 등을 중심으로 흑인의 인권 운동이 시작되면서 인종 차별은 조금씩 사라지고 있지.
 유럽의 여러 나라들도 인도와 아프리카에 있는 나라들을 무력으로 정복해서 자원을 빼앗고 그 사람들에게 강제로 노동을 시켰어. 최근까지도 남아프리카 공화국엔 백인들에 의한 인종 차별 정책이 남아 있었단다. 소수의 백인이, 국민의 대다수인 흑인을 차별했지. 흑인과 백인의 거주 지역이 따로 정해져 있어서 흑인들은 자신들의 구역 밖으로 나올 때마다 미리 '이동 허가증'을 받아야 했지. 또 아무리 사랑하는 사이라도 인종이 다르면 결혼할 수조차 없었어. 이것을 '아파르트헤이트

(인종 격리 정책)'라고 해. 넬슨 만델라가 남아프리카 공화국 최초의 흑인 대통령이 되면서 이런 말도 안 되는 정책은 사라졌지만 흑인들은 여전히 눈에 보이지 않는 차별과 싸우며 힘들게 살고 있어.

인종주의가 다시 나타나고 있다

이제 사람들은 인종주의와 인종 차별이 잘못된 것임을 잘 알고 있어. 모든 사람이 동등한 인권을 가진 소중한 존재라고 믿지. 하지만 여전히 인종 차별을 하는 사람과 단체들이 존재하는 것도 사실이야. 유럽을 중심으로 히틀러와 나치를 따르는 '신나치주의자'들이 등장하고 프랑스에는 자기 나라에 사는 외국인에게 적대적인 '국민전선'이 힘을 키우고 있지. 또 미국에서는 유색 인종을 미워하고 폭력을 쓰는 'KKK단'이 자신들의 세력을 넓히고 있어. 러시아 등지에서는 유색 인종을 해치는 사건이 일어나고 있기도 해. 우리나라만 해도 이주 노동자를 차별하고 내쫓으려는 사람들이 있지. 이것도 엄연한 인종주의야.

인종주의는 왜 사라지지 않는 걸까? 단순히 자신의 인종이 더 우월하다고 생각해서일까? 그런 측면도 있지만 인종주의를 이용하는 사람들이 있기 때문이야. 세상에는 여러 이유로 실패를 경험하거나 어려움에 처한 사람들이 있어. 그런 사람들에게, '우린 우월한 인종이다. 그런데도 당신이 고통을 겪는 것은 모두 다른 인종 때문이다. 우리가 그들을 몰아내고 당신의 권리를 찾아 주겠다.'고 하면서 세력을 만들고 힘을 모아 사회나 국가를 좌지우지하려는 거지.

더욱 큰 문제는 이 사람들이 사회에서 생기는 모든 불만과 문제를 다른 인종의 탓으로 돌려서 사람들에게 정말 중요한 사실을 잊게 만들고 있는 거야. 그것은 사람은 누구나 동등한 존엄성이 있는 존재라는 사실이지. 모든 사람은 피부색이나 국적과는 상관없이, 모두 평등한 '사람'일 뿐이라는 사실을 말이야.

나는 '한국인'입니다

나는 1958년에 태어났습니다. 버젓이 '김정균'이라는 이름을 갖고 있지만 사람들은 나를 '김 씨'라고 부릅니다. 아직 결혼은 못 했고 노총각 소리를 들으며 어머니와 단 둘이 살고 있습니다.

나는 페인트 공입니다. 여기저기 때 묻고 벗겨진 벽에 칠을 하다 보면 기분까지 상쾌해집니다. 내가 붓을 잡고 쓱쓱 칠해 나가노라면 다들 감탄합니다. 빠른 손놀림과 꼼꼼한 일처리 때문이지요. 그런데 요즘은 일감이 없어서 집에서 노는 날이 더 많네요.

나는 우리의 전통 음악을 좋아합니다. 꺾는 음이 멋들어진 판소리와 애잔한 민요를 특히 좋아하지요. 요즘은 틈틈이 대금을 배우고 있습니다. 대금은 나뭇잎 사이로 바람이 지나는 것처럼 소슬한 소리를 내지요. 그런 대금 소리가 마음에 듭니다. 악기를 연주하다 보면 우리 민족의 한과, 고난을 극복한 강한 힘이 느껴집니다. 그럴 때면 가슴이 스르르 저려 옵니다.

나는 냄새는 좀 구릿구릿하지만 구수한 맛이 그만인 청국장을 좋아하고 숭숭 썬 김치와 돼지고기를 넣은 얼큰한 김치찌개에 막걸리 한 사발을 좋아합니다.

  그런데 말입니다, 음식점에 갈 때마다 나는 거의 비슷한 일을 겪습니다.

  며칠 만에 들어온 일을 마치고, 동료들과 단골 음식점에 갔습니다. 오랜만에 들어온 일거리였던 터라 목도 칼칼하고 배도 고프고 하여 한잔 생각이 간절했지요.

  "아줌마, 여기 김치찌개 얼큰하게 주고 소주 한 병 줘요."

  "난, 막걸리로."

  "참 유난스럽긴. 김 씨는 막걸리 팬이야, 팬."

  음식점에 들어서며 주문을 하고, 우리는 밖이 보이는 자리에 앉았습니다.

  음식이 나오자 우리는 웃음보따리를 펼치며 주거니 받거니 잔을 비웠습니다. 창밖에선 비가 내리기 시작했고, 바깥 풍경에 젖어 술을 마시노라니 마음이 편안했습니다. 그때였습니다.

  "어이구, 외국 사람이 매운 것도 잘 먹네?"

  "그러게. 김치가 세계적으로 유명해지긴 했나 봐. 미국 사람이 김치찌개를 다 먹고."

  "설마 미국 놈이겠어? 행색을 보니 돈 벌러 온 아프리카 촌놈 같은데?"

옆 테이블에 앉아 술을 마시던 사람들이 나를 보며 한 말입니다. 그들 사이에서 왁자한 웃음소리가 터져 나왔습니다.

예전에는 이런 일을 겪을 때마다 화를 참지 못했지만, 이젠 하도 흔하게 겪는 일이라 나도, 내 동료도 별로 신경을 쓰지 않습니다. 옆에서 동료인 주 씨가 한마디 합니다.

"김 씨, 민요나 한 곡 뽑아 봐. 비까지 부슬부슬 오는 것이 분위기가 사네, 살아."

"그럴까? 한 곡조 뽑아 볼까."

나는 목청을 가다듬고 육자배기에서 한 곡을 부르기 시작했습니다.

"아리랑 아리랑 아라리요,

아리랑 고개 고개로 나를 넘겨 주게."

밥을 먹던 사람들이, 술잔을 기울이던 사람들이, 고개를 맞대고 이야기를 나누던 사람들이 모두 나를 쳐다봤습니다. 노래가 끝나자 모두들 환호성을 지르며 박수를 쳤습니다. 그리고 저마다 한마디씩 합니다.

"목소리가 참 좋네. 목청이 참 좋아."

"어찌나 구슬픈지 눈물이 다 나네그려."

나를 보며 외국 사람이라며 웃던 사람들이 이제는 감동했다며, 술을 권합니다.

"내 술 한잔 받아요. 노래 솜씨가 보통이 아니네. 한국에서 오래 살았수?"

그렇습니다. 나는 한국에서 오래 살았습니다. 아예 한국에서 태어나서 지금까지 한국을 떠난 적이 한번도 없습니다. 해외여행은커녕 제주도도 한번 못 가 봤습니다.

나는 그 사람이 권하는 술잔을 비우고 주머니에서 낡은 지갑을 꺼냈습니다. 그리고 주민등록증을 꺼내 보여 주었습니다.

"나도 한국 사람이에요. 여기 주민등록증도 있잖아요. 아버지는 미국 사람이지만 어머니와 나는 한국 사람이에요."

'김정균, 1958년 2월 24일…….'

그렇습니다. 나는 피부가 검고 머리카락은 꼬불꼬불하지만 한국인입니다.

한국인은 누구일까?

우리나라에 살고 있는 외국인이 100만 명에 이른다. 100명 중 2명이 외국인인 셈이다. 이들 중에는 외국인 노동자처럼 자기 나라로 되돌아 갈 사람도 있다. 하지만 한국인과 결혼해서 한국에 살게 된 사람도 있고, 영주권을 가지고 우리나라에 살고 있는 사람도 있다. 이들은 누구일까? 생김새가 다르니 외국인일까? 아니면 우리나라에 살고 있으니 한국인일까?

우리 속의 다문화 가정

최근 '다문화 가정'이라는 말을 쉽게 접할 수 있어. '다문화 가정'이란 한국인과 외국인이 결혼해서 꾸린 가정을 가리키는 말이야. 중국의 조선족이나 동남아시아 사람들과 결혼하는 한국인이 점점 많아지면서 새롭게 등장한 말이지. 2007년에는 한국에서 결혼한 8쌍의 부부 중 1쌍이 한국인과 외국인 부부였어. 그리고 이들 가정에서 태어나고 자란 초·중·고등학교 학생이 13,445명에 이르렀지.

다문화 가정이 새로운 현상은 아니야. 이야기 속의 아저씨처럼 이미 오래전부터 우리나라에 있었어. 그런데 왜 최근에야 사람들이 다문화 가정에 관심을 보이기 시작한 걸까?

우리나라가 단일 민족 국가라는 것은 잘 알고 있을 거야. 반만년 역사를 지닌 나라가 하나의 민족으로만 구성되어 있다는 것은 정말 대단한 일이지. 그래서 우리나라 사람들은 우리가 한민족(韓民族)이란 것에, 또 단일 민족이란 것에 대단한 자부심과 긍지를 갖고 있어. 그러니 다문화 가정을 인정하기도 쉽지 않았고, 심지어는 그들 때문에 우리나라의 전통이 무너질지도 모른다고 생각했던 거야. 하지만 다문화 가정이 점점 늘어나자 더 이상 외면하거나 무시하기가 힘들어졌어. 이제 우리 속의 '다문화 가정'을 인정하고 함께 살아야 할 때가 온 거지.

다문화 가정의 아이는 '우리'가 아닐까?

앞으로 다문화 가정은 점점 많아질 거야. 자연히 그 속에서 태어난 아이들도 많아지겠지. 이렇게 태어난 아이들은 누구일까? 한국인? 아니면 외국인?

얼굴 모습은 조금 다르더라도 국적이 한국으로 되어 있다면 그 아이들은 분명 한국인이야. 그런데 많은 사람들은 그들이 우리와 국적은 같더라도 다른 민족이라고 생각하기도 해.

그럼 민족은 어떤 의미일까? 민족은 다른 지역과 구별되는 언어, 종교, 생활양식, 세계관 등을 함께 나눈 집단, 또는 같은 역사를 가지고 있는 집단을 뜻해. 다시 말하면 같은 문화에 속한 사람들을 민족이라고 할 수 있겠지. 그렇다면 이야기 속의 아저씨도 분명 우리와 같은 민족이야. 한국에서 태어나 한국어로 말하고, 한국 음식을 먹으며 한국 전통 음악을 아끼는 사람이니까.

그래도 몇몇 사람들은 언어나 생활양식 등이 같다고 해서 같은 민족이라고 하는 것은 말이 안 된다고 할지도 몰라. 그 사람들 눈에는 아저씨가 한민족과 생김새도 다를뿐더러, 또 부모 중 한 사람은 외국인이기도 하니까.

한국인은 단일 민족일까?

한국인이 생각하는 한민족은 어떤 것일까? 같은 조상을 가지고 대대로 한반도에서 살아온 사람들이지. 하지만 현재도 그렇고 오랜 역사를 살펴봐도 알 수 있듯, 외국 사람이 한국에 들어와 한국인과 결혼을 하고 대대로 자손을 낳으며 산 경우도 많단다. '한양 조씨'의 조상은 조지수라는 중국 사람이고 '덕수 장씨'의 조상은 아랍인이지. 그럼 한양 조씨인 사람들은 중국 민족이고, 덕수 장씨인 사람들은 아랍 민족이라고 생각해야 할까?

한국엔 280여 개의 성이 있어. 그 중에서 많은 성씨가 본래는 외국 사람이 조상인 경우가 많아. 부산 사투리를 구수하게 써서 우리에게 잘 알려진 로버트 할리 아저씨도 미국 사람이었는데 우리나라에 귀화하면서 '영도 하씨'라는 가문을 만들고 이름도 하일로 바꾸었지. 그러니 한국인이 같은 조상을 가지고 같은 피를 나눈

민족이라는 것, 다시 말해 단일 민족이라는 생각은 옳지 않단다. 오랜 시간동안 여러 민족이 함께 살면서 피가 섞일 수밖에 없었으니까.

그래도 여전히 우리와 생김새가 다른 사람을 어떻게 같은 민족이라고 할 수 있느냐고 의문을 가질지도 모르겠어. 하지만 생김새로 사람을 구분하는 것은 정확할 수 없어. 백인의 외형을 가졌던 수지를 생각해 봐. 조상 중에 흑인이 있다고 해서 파란 눈에 흰 피부색을 가진 수지를 흑인으로 보기도 했잖아.

또 어떻게 생긴 사람들을 한민족(韓民族)이라고 불러야 하는 걸까? 피부색이 어느 정도 황색이어야 하고, 눈동자와 머리카락은 얼마나 검어야 하지? 그리고 얼굴은 또 얼마나 동그랗거나 넓어야 한민족이라고 부를 수 있을까? 누구도 정확한 기준을 세울 수 없어. 그러니 생김새로 민족을 나눌 수는 없는 거야.

가장 중요한 것은 '우리'라는 믿음

이처럼 민족의 기준은 명확하지 않아. 사전에서 정의한 민족이라는 개념도 일반적인 사항일 뿐 절대적인 것은 아니야. 또 대부분의 한국인이 '우리 민족'이라고 믿어 왔던 기준도 불분명하지. 하지만 민족이 필요 없거나 가치가 없는 것은 아니야. 우리는 여전히 같은 민족이라고 믿고 있고, 이 믿음이 우리 민족에게 고난을 극복할 수 있는 힘을 주었으니까. 그러니 구태여 민족을 구분하기보다는 '우리와 함께하는 사람'이라고 생각하는 것이 더 중요하지 않을까?

다문화 가정의 아이들을 우리와 다르다며 낯선 눈길로 볼 것이 아니라, 지금 이곳에서 우리와 함께 살고 있는 똑같은 '우리'라고 생각하는 것이 더 바람직하지 않겠니?

지구촌 시대를 맞이하는 두 개의 얼굴

요즘은 세계 어디에 있든 상대방의 얼굴을 보며 얘기할 수 있습니다. 또 전 세계에서 무슨 일이 일어나고 있는지 텔레비전과 인터넷을 통해 바로바로 알 수 있지요. 그

뿐인가요? 비행기나 배를 타면 어디든지 갈 수 있습니다. 21세기는 전 세계가 함께 사는 지구촌 시대라고 합니다. 그런데 우리의 모습은 어떨까요?

인간이 지구의 주인인가?
생명과 환경의 위기

선생님께서 '정원사의 수수께끼'라는 문제를 내 주셨다.
이 수수께끼에는 지구 환경과 관련된 이야기가 숨어 있다고 하셨다.
"한 정원사가 연못을 만들고 그 속에 수련을 띄워 놓았어.
수련의 잎은 다음 날 2개가 되고, 그 다음 날은 4개가 돼.
이렇게 계속 두 배로 늘어나면 100일째 되는 날
연못을 가득 채우게 되지.
그럼 수련이 연못의 반을 채우는 날은 언제일까?"

나라를 떠나는 사람들

　태평양 가운데 '투발루'라는 섬나라가 있습니다. 아홉 개의 작은 섬이 옹기종기 모인 나라입니다. 투발루에는 전설이 하나 있습니다. 가자미와 뱀장어에 관한 이야기입니다.

　태평양 바다에 가자미와 뱀장어가 살았습니다. 사이좋은 친구였지요. 어느 날, 둘은 누구의 힘이 더 센지 내기를 했습니다. 누가 더 커다란 돌을 들어 올릴 수 있는지, 누가 더 멀리 돌을 옮길 수 있는지 말이죠.

　하나, 둘, 셋! 가자미와 뱀장어 둘 다 집채만 한 돌을 영차 들어 올렸습니다. 그러다 뱀장어는 꼬리를 잡혀 발버둥 치다가 그만 길쭉해졌고, 가자미는 돌에 눌려 납작해졌대요. 그 모양이 굳어져 지금의 투발루 섬이 되었다고 해요. 가자미처럼 생긴 섬은 산호가 오랜 시간 동안 굳어져서 만들어진 것입니다. 산호로 만들어진 섬이라니, 생각만 해도 정말 근사하지 않나요?

　투발루는 1년 내내 무더운 날씨가 계속됩니다. 하지만 섬 곳곳에 야자나무가 자라고 있어서 쉽게 갈증을 풀 수 있지요. 뜨거운 햇볕에 지친 오후에는 마음에 드는 곳 어디에든 누워 휴식을 취할 수 있습니다. 투발루 사람들은 누울 수 있는 그곳이 세상에서 가장 편안한 곳이라고 생각한대요. 하얀 모래사장으로 달려가 파도에 풍덩 몸을 던지는 아이, 야자수 그늘에 누워 꾸벅꾸벅 조는 노인, 하늘에 뭉게뭉게 떠 있는 구름, 바다로부터 불어오는 바람……

밤이 되면 큰 잔치가 벌어지기도 합니다. 사람들은 '판다누스'로 만든 나뭇잎 치마를 입고, 열정적인 춤을 춥니다. 설탕을 뿌려 놓은 듯 반짝이는 별빛 아래에서 나뭇잎 치마를 두른 사람들이 즐겁게 춤추는 모습을 상상해 보세요. 걱정 근심이 모두 날아갈 것 같지 않나요? 그들의 환한 표정엔 사랑과 행복이 가득하고 누구나 자신이 하고 싶은 일을, 하고 싶은 때 합니다. 투발루에선 어떤 나쁜 일도 일어날 것 같지 않네요.

하지만 머지않아 지도에서 투발루라는 이름을 지워야 할 날이 올지도 모르겠어요. 바닷물이 점점 차올라 섬을 삼키고 있기 때문이지요. 밀물 때가 되면 섬 이곳저곳에 커다란 물웅덩이가 생기고, 홍수가 난 것처럼 집 마당까지 물이 차오릅니다. 아이들이 축구를 하며 놀던 곳에도 바닷물은 어김없이 들어옵니다. 철벅거리는 물속에서 공놀이를 하던 아이들도 바닷물이 무릎까지 차오르자 힘없이 집으로 돌아갑니다.

짠 바닷물이 올라오면서 농사짓기도 힘들어졌습니다. 투발루 사람들은 '풀라카'라는 식물을 길러 식량으로 삼았는데 1990년대부터는 바닷물 때문에 뿌리가 썩어버려 더는 심을 수 없게 되었습니다. 지금은 풀라카 대신 쌀을 수입해서 먹고 있습니다. 투발루의 섬 가운데 하나인 '테푸카 사빌리빌리'는 이미 바다에 잠겨버렸지요. 그 섬에는 이제 아무도 살 수 없습니다. 썩어 부러진 나뭇가지만 둥둥 떠다닐 뿐입니다.

투발루 사람들은 궁금했습니다. 왜 태풍이 점점 잦아지는지, 왜 바닷물이 올라와 풀라카 뿌리를 썩게 하는지, 왜 평화롭고 행복했던 섬 생활이 고달파지기 시작했는지, 왜 자신들이 살고 있는 섬이 침몰하는 배처럼 물에 잠기고 있는지…….

결국 2002년부터 투발루 사람들은 한 해에 75명씩 뉴질랜드로 이주하기 시작했습니다. 1만 1천 명 정도였던 인구는 약 9천 명으로 줄어들었습니다. 앞으로 점점 더 많은 사람들이 투발루를 떠나겠지요. 섬이 완전히 바다에 잠기고 나면 투발루 사람들은 돌아갈 나라도, 그리워 할 고향도 없어지는 겁니다.

투발루 사람들은 이제 어디서 판다누스 나뭇잎 치마를 입고, 행복이 가득 담긴 춤을 춰야 할까요? 이제 어느 나무 아래서 편안한 꿈을 꾸며 잠들 수 있을까요?

지구 온난화, 우리 모두가 막아야 한다!

'정원사의 수수께끼'에서 수련이 연못의 반을 채우는 날은 99일째다. 수련 잎은 하루에 두 배씩 증가한다고 했으니까, 99일째 연못의 반을 채우고 있던 수련이 그 다음 날인 100일째가 되면 연못을 가득 채우게 되는 것이다. 이 수수께끼 속에는 환경 문제에 대한 경고가 담겨 있다. 수련이 연못을 가득 채우려면 아직 반이나 남았다고 안심하고 있는 사이, 다음 날이면 이미 황폐해진 지구를 만나게 될 테니까.

지구가 더워지고 있다

지구는 대기층으로 둘러싸여 있어. 대기층은 생물이 살아가는 데 필요한 산소를 공급하고, 인체에 해로운 자외선을 차단하거나, 태양으로부터 받은 열을 간직하는 역할을 하지. 덕분에 지구는 적당한 온도를 유지할 수 있었고, 생물이 살아가기에 알맞은 환경을 가지게 된 거야.

그런데 지난 100년 동안 지구의 평균 기온은 무려 0.6°C나 올라갔어. 여기에는 여러 이유가 있는데 그 중 산업의 발달에 따라 과도하게 발생한 이산화탄소나 메탄가스가 가장 큰 원인이라고 할 수 있어. 이런 온실 가스들은 태양 에너지는 통과시키면서, 지구가 방출하는 복사 에너지는 흡수하기 때문에 점점 지구가 뜨거워지는 거야. 이런 현상을 '지구 온난화'라고 하지.

겨우 0.6°C 때문에?

어떤 사람들은 평균 기온이 겨우 0.6°C 올랐다고 무슨 큰일이 나겠느냐고 말하지. 하지만 그 0.6°C 때문에 지금 세계 곳곳에서 일어나고 있는 일들을 알게 되면 깜짝 놀랄 거야.

아프리카에 있는 킬리만자로 산의 정상은 빙하로 덮여 있어. 그런데 1912년과 2002년을 비교해 봤더니 빙하가 겨우 17%밖에 남지 않았대. 과학자들은 2015년이 되면 킬리만자로의 빙하가 모두 사라질 것으로 보고 있어. 하얀 눈으로 덮인 알프스 산맥도 2050년이 되면 거의 녹아서 10% 정도만 남게 될 거래.

높은 산의 빙하는 강의 원천이야. 빙하가 일정하게 녹으면서 강물의 양을 조절하고 있는데, 만약 빙하가 지금처럼 빨리 녹아 없어진다면 큰 홍수가 날 테고, 홍수는 여러 자연재해를 일으켜 지구를 죽음의 별로 만들겠지.

또 온난화는 지구 곳곳에 이상 기후를 불러 왔어. 2003년 프랑스에서는 이상 폭염으로 1만 5천여 명이 목숨을 잃었어. 또 바다의 온도가 올라가서 태풍이나 허리케인이 더 자주, 더 강력하게 일어나게 되었지. 2005년 9월에 미국의 뉴올리언스 시는 허리케인 '카트리나' 때문에 온 도시가 물에 잠기고 많은 사람들이 집과 목숨을 잃었단다.

이산화탄소를 둘러싼 갈등

세계 곳곳에서는 지구 온난화를 걱정하며 대책 마련에 고심하고 있어. 1997년에는 일본 교토에 여러 나라가 모여 온실 가스를 어떻게 줄일 것인지, 또 얼마나 줄일 것인지 구체적인 방법을 의논했단다. 이때 결정한 여러 가지 실천 방법이 바로 '교토 의정서'야. 온실 가스 감축을 위한 정책을 세우고 실천하기로 여러 나라가 약속한 거지.

그런데 이렇게 약속을 해도 모든 나라가 잘 지키는 건 아니야. 석탄과 석유 같은 화석 연료는 우리 생활에 없어서는 안 될 중요한 에너지 자원이야. 동시에 온실 가스 배출의 주범이기도 하지. 결국 온실 가스를 감축하기 위해서는 화석 연료 사용을 줄여야 하는데 그럼 난방도 마음대로 할 수 없고, 공장도 원활히 가동할 수 없을 거야. 물론 자동차 이용도 최소한으로 줄여야겠지. 그래서 미국은 자국의 산업 보호를 핑계 삼아 슬그머니 약속을 저버리고 2001년에 모임에서 탈퇴하고 말았어. 이산화탄소를 많이 내뿜는 나라이면서도 그 책임은 회피하고 있는 거지.

한편에서는 미국이나 유럽 같은 선진국에 비해 산업 발달이 늦었던 개발도상국의 불만도 터져 나왔어. 선진국들은 이미 오래전부터 화석 연료를 사용해 지구 온난화에 더 큰 책임이 있다는 거지. 그에 반해 개발도상국들은 이제 공장을 짓고 가동하기 시작했는데 똑같이 이산화탄소 배출 규제를 받는다면 불공평하니까 말이야. 그래서 개발도상국에게는 의무 이행 시기를 유보해 주었어. 우리나라도 아직은 제재 대상이 아니지만 이산화탄소 배출량이 세계 9위로 매우 높기 때문에 다른 선진국들처럼 온실 가스를 줄이려고 노력해야 돼.

누가 지구 온난화를 막을 수 있나?

지구 온난화는 누가 막을 수 있을까? 어떤 사람들은 남극이 당장 다 녹아버리는 건 아니니 걱정할 일이 아니라고도 하고, 과학자들이 온난화를 막을 방법을 찾아낼 테니 지레 겁먹을 필요는 없다고 말하기도 해. 하지만 그렇게 책임을 미루다 보면 이미 늦어버릴 수도 있어. 마치 정원사의 연못처럼 말이야.

물론 과학자들은 석유나 석탄을 대신할 건강한 에너지를 찾고 있어. 가장 대표적인 것이 태양 에너지를 이용하는 거야. 태양 에너지는 에너지원도 무궁무진하고 무엇보다 이산화탄소를 배출하지 않는다는 장점이 있지. 또 풍차를 세워 바람의 힘으로 전기를 만들기도 하고, 쓰고 남은 식용유나 유채꽃 기름으로 자동차 연료를 만들려는 노력도 하고 있어.

하지만 이렇게 새로운 에너지를 만드는 것보다 더 중요한 일은 그동안 우리가 지구를 대했던 태도를 돌아보는 일이야. 인간은 지구의 자원이 영원할 것처럼 무분별하게 사용해 왔어. 그 결과 산업이 발달하고 생활은 더없이 편리해졌지만 지구의 자원은 빠른 속도로 없어졌고 환경오염이라는 큰 병도 앓게 되었지.

지구 온난화를 막기 위해서는 바로 '나' 한 사람 한 사람의 노력이 필요해. 조금 더 편리한 것, 조금 더 새로운 것만 찾으려 했던 태도를 바꿔야 할 거야. 자동차 대신 대중교통을 이용하고, 재활용을 열심히 하고, 따뜻한 물을 조금 덜 쓰고, 사용하지 않는 전기 제품의 플러그를 뽑아 두는 것 같은 작은 실천이 지구 온난화를 막는 큰 힘이 될 수 있어.

전 세계에는 65억 명이 살고 있어. 모두 '지구'라는 같은 주소지에 살지. 집 안에 불이 나고 있는데 가만히 보고 있는 사람은 아무도 없어. 우리가 함께 살고 있는 지구도 마찬가지야. 소중한 지구가 병들어 신음하고 있는데 모른 척 내버려 둘 수는 없잖아? 비록 한 사람 한 사람의 힘은 약하고 보잘 것 없지만, 모두가 조금씩 힘을 모은다면 뜨거워지는 지구를, 죽어가는 지구를 살릴 수 있을 거야.

그럼 '나'는 어떤 일을 해야 할까? '나'의 작은 습관 하나를 바꾸는 것만으로도 '지구 온난화'를 막을 수 있단다. 가장 중요한 것은 꼭 필요한 것이 아니면 사지 않는 거야. 조금 불편하더라도 과소비를 줄이면 자원과 비용을 절약할 수 있지. 먹지도 않을 음식을 많이 사서 남기거나 종이를 마구 쓰거나 하는 과도한 소비를 하지 말고, 다시 쓸 수 있는 것은 잘 관리해서 쓰고, 분리수거를 잘해서 재활용을 할 수 있도록 하는 등 조금 불편하지만 다른 생명체와 함께 잘 살아갈 수 있는 환경을 만드는 것이 중요해.

어때? '나'도 지구 온난화를 막기 위해 참 많은 일을 할 수 있겠지?

모아 새 이야기

"할머니, 이것 좀 보세요. 제가 새를 잡았어요."

어깨에 작은 활을 멘 쿠키가 소리를 지르며 집 안으로 뛰어들어 왔어요. 헉헉 숨을 고르는 쿠키의 손엔 작은 새 한 마리가 들려 있었지요.

"오, 우리 쿠키가 벌써 사냥을 해 오다니 정말 기특하구나."

"이 녀석이 나무 꼭대기에 앉아 있는 걸 제가 한 방에 떨어뜨렸어요. 모두 깜짝 놀랐죠. 다들 제 실력을 부러워하는 눈치였어요. 하하."

쿠키가 새를 흔들어 보이며 으쓱거렸습니다. 땀이 송골송골 맺힌 얼굴에 뿌듯함이 배여 있었어요.

"그래, 오늘 저녁은 그 녀석으로 맛있는 구이를 만들어 먹자꾸나."

할머니는 빙그레 웃으며 쿠키가 잡아온 새의 깃털을 뽑고 깨끗이 씻어 참나무 연기에 굽기 시작했어요. 기름이 똑똑 떨어지도록 노릇노릇하게 구운 새 구이는 보기만 해도 군침이 꼴깍 넘어갈 정도였어요.

"와, 맛있어요. 할머니, 내일은 더 큰 새를 잡아 올게요. 동네 형들이 또 새 사냥에 따라가도 된대요."

"쿠키야, 앞으로 일주일 동안은 새를 잡지 않았으면 좋겠구나."

"네? 왜요? 제가 잡아온 새가 맛이 없어서 그러세요?"

쿠키가 물었어요. 잔뜩 올라갔던 어깨가 바람 빠진 풍선처럼 축 처졌습니다. 풀 죽어 있는 쿠키를 바라보던 할머니께서 이야기를 들려주셨어요.

"이곳 뉴질랜드는 원래 사람이 살지 않았단다. 새와 물고기, 하늘과 바람만 살던 자연 그대로의 섬이었지."

할머니는 생각에 잠긴 듯, 조용히 말씀을 이어 가셨어요.

"그래, 아주 오래전의 일이란다……."

할머니의 이야기는 세상에서 가장 큰 모아 새에 대한 이야기였어요. 지금으로부터 1000년 전 폴리네시안 사람들이 뉴질랜드에 도착했대요. 사나운 육식 동물이 거의 없었고, 대신 특이한 새들이 많았지요. 새들은 자신을 잡아먹는 동물이 없는 데다 풀과 열매가 무성했기 때문에 굳이 날 필요가 없었어요. 그래서 점점 몸집은 커지고 날개는 작아져서 결국 날 수 없게 되었지요.

폴리네시안 사람들에게 뉴질랜드는 천국 같았어요. 굵고 잘 익은 열매들이 나무마다 주렁주렁 열려 있고 잡아먹을 동물도 많이 있었으니까요. 또 사람이 아무도 없었기 때문에 마음에 드는 곳에 집을 짓고 살면 되었지요.

하지만 동물들에겐 불행의 시작이었어요. 평화롭게만 살던 동물들은 갑자기 나타난 이상한 생김새의 사람들에게도 순진한 눈빛으로 다

가갔지요. 새로운 친구가 생겼다고 생각했던 거예요. 그런데 사람들은 동물을 친구가 아니라 단순히 음식으로 여겼을 뿐이에요. 특히 키가 3미터나 되고 몸무게가 200킬로그램이나 되는 거대한 모아 새는 사냥감으로 아주 인기가 많았어요.

모아 새는 지금의 타조처럼 생긴 거대한 새랍니다. 아주 작은 날개가 있지만 날지는 못했어요. 모아 새들은 사람들이 날카로운 창을 들고 다가오면 오히려 그 창이 신기해서 사람들에게 다가갔지요. 사냥이 뭔지도 모르고, 다른 동물이 자기를 해칠 수 있다는 것도 모른 채 이 거대한 새들은 서서히 죽어갔어요.

또 모아 새의 알은 지름이 18센티미터, 길이가 25센티미터나 될 만큼 커다란 알이었어요. 알 하나만 있어도 여러 사람이 배불리 먹을 수 있었지요. 사람들은 먹고 남은 모아 새의 알껍데기를 물그릇으로 사용했어요. 또 뼈를 이용해서 낚싯바늘, 장신구 등을 만들었지요. 사람들이 타고 온 배에 몰래 숨어 있던 쥐들도 모아 새의 알을 먹어 치웠어요. 알뿐만 아니라 뉴질랜드를 상징하는 작은 키위 새도 마구 잡아먹었지요.

"할머니, 전 모아 새를 본 적이 없는데요?"
"그럴 수밖에 없지. 모아 새는 멸종했으니까. 쿠키야, 사람들은 너무 늦게 깨달았단다. 동물을 함부로 사냥하고 죽이면 어느 날부터 갑자기 보이지 않게 된다는 걸 말이야."
"그럼 앞으론 사냥을 해선 안 되는 건가요?
"그건 아니야. 다른 동물을 잡아먹는 것은 나쁜 일이 아니야. 그건 자연이 만들어 놓은 법칙이란다. 하지만 재미로 동물을 죽이거나 너무 많이 사냥을 하는 건 안 돼. 그래서 이런 말이 있지 않니?"
"무슨 말인데요?"
"할머니의 할아버지가 해 주신 말씀이란다. 오늘 사냥을 했다면, 일주일 동안은 사냥을 하지 않는다. 일주일이 지난 후에도 새로운 곳에 가서 사냥을 한다."
"아, 그러니까 자연이 회복할 시간을 주라, 그런 말씀이죠?"
"그래, 우리 쿠키 똑똑하구나."
"명심할게요. 내일 형들에게도 당분간 사냥은 하지 말자고 해야겠어요."

동물도 살아갈 권리가 있다!

키가 3미터나 되었던 모아 새, 가장 큰 알을 낳았던 코끼리새, 금빛 갈기가 멋있던 바바리사자, 키가 사람의 허리 정도밖에 안 되던 작은 코끼리……. 지금은 모두 멸종해서 더 이상 볼 수 없는 동물들이다. 이 동물들이 멸종한 이유는 바로 사람 때문이다.

사람이 멸종을 부른다?

옛날에 목이 짧은 기린과 목이 긴 기린이 살고 있었어. 목이 긴 기린은 높은 곳에 있는 나뭇잎도 잘 따 먹을 수 있었지만 목이 짧은 기린은 그럴 수 없었지. 시간이 점점 흘러 목이 짧은 기린들은 먹이를 구하지 못해 결국 멸종하고 말았어.

사람들은 이렇게 자연 환경에 적응하지 못한 생물이 사라지는 걸 자연스러운 일로 생각했어. 그러다 어느 순간 깨달았지. 그 전까지 자주 볼 수 있던 동물들이 하나 둘씩 사라지더니 많은 종이 보이지 않게 되었다는 걸 말이야. 그리고 그 동물들이 사라진 이유가 바로 자신들 때문이었다는 것도 알게 되었지.

어떤 동물들이 살았을까?

예전에는 어떤 동물들이 살고 있었을까? 그리고 대체 사람이 무슨 일을 벌였기에 많은 동물들이 사라진 걸까?

'도도'는 인도양 모리셔스 섬에 살고 있던 새야. 커다란 몸집과 부리를 가지고 있었지만 날지는 못했어. 섬에 선원들이 들어오면서 도도에겐 위기가 닥쳤어. 모아 새처럼 도도도 사람들을 겁내지 않아서 사람들에게 쉽게 잡아먹혔거든. 그렇게 오랜 세월이 지나자 결국 도도는 멸종하게 됐지.

'주머니늑대'는 오스트레일리아 옆에 있는 태즈메이니아라는 작은 섬에 살았던 동물이야. 얼굴은 늑대를 닮았는데, 등에는 호랑이 같은 줄무늬가 있고, 배에는 캥거루처럼 주머니가 달려 있었지. 사람들은 이 동물의 생김새가 무섭고 불길하다며 마구 사냥을 해서 죽여 버렸어.

'붉혹주머니찌르레기'는 뉴질랜드에 살았던 새야. 영국에서는 한때 이 새의 깃털을 모자에 꽂는 것이 유행했어. 너도나도 유행을 따르려는 사람들의 무지 때문에 이 새도 결국 멸종되고 말았어.

사람들은 단순히 식탐을 위해, 무서움 때문에, 예쁜 것을 갖고 싶어서 동물들을 사냥했고, 결국은 멸종에 이르게 했어. 그래서 지금 우리는 한때 지구에서 살았던 신기한 생김새를 가진 동물들을 그저 상상으로만 만날 수 있단다.

멸종의 위험은 계속되고 있다

지금 이 순간에도 멸종의 위험은 계속되고 있어. 침팬지, 회색고래, 코끼리, 호랑이, 코뿔소 같은 포유류는 약 25%가 멸종 위기에 처해 있어. 멸종 위기에 놓인 동물들을 잡거나, 사고파는 행위를 금지하고 있지만 아직도 몰래 이 동물들을 사냥하는 사람들이 있지.

새끼 고릴라 한 마리를 잡기 위해 밀렵꾼은 새끼를 보호하려는 고릴라 가족을 모두 죽인다고 해. 그렇게 잡은 새끼 고릴라는 높은 가격으로 연구소나 동물원에 팔려가지.

코끼리의 상아나 코뿔소의 뿔을 노리는 밀렵꾼들도 많아. 코끼리 상아로 만든 젓가락이나 도장, 피아노 건반 같은 것은 물론이고, 코뿔소 뿔로 만든 장신구나 칼 등도 비싸게 팔리기 때문이야. 호랑이 또한 같은 처지에 놓여 있어. 호랑이 가죽을 원하는 사람들, 호랑이 뼈로 약을 만드는 사람들 때문에 날이 갈수록 수가 줄어들고 있지.

밀렵뿐 아니라 서식지 파괴도 이런 동물들을 멸종 위기로 내모는 큰 이유가 되고 있어. 사람들이 농사를 짓거나 가축을 키우기 위해, 또 건물을 짓기 위해 동물들이 평화롭게 살던 많은 숲과 들판을 파헤쳤어. 사는 곳을 잃게 된 동물들은 먹이도 부족하고 새끼도 낳기 힘들어져 결국 그 수가 줄어들고 말았지.

동물들이 사라진 자리

'도도나 주머니늑대가 멸종했다고 해서 지구에 큰 변화가 있었나? 호랑이나 코끼리가 없어진다고 해서 당장 무슨 큰일이라도 날까?' 이런 생각을 하는 사람들도 있을 거야.

물론 자연에는 항상 빈자리가 생기기 마련이지. 1억 년 전에 살았던 동물이 지금도 살고 있지는 않으니까. 지구 환경에 맞게 새로운 동물이 생겨나고, 그전에 있던 동물이 진화해서 다른 모습이 되기도 해. 그렇게 한 동물이 사라진 빈자리를 곧 다른 동물이 채우는 것이 자연의 순리인지도 몰라.

그런데 지금은 사람들이 벌인 무분별한 개발이나 사냥 같은 행동 때문에 동물이 멸종하고 있어서 문제가 되는 거야. 자연의 순리가 아닌 까닭에 멸종의 속도도 너무 빠르고, 한꺼번에 많은 동물들이 사라지고 있어. 자연이 다시 빈자리를 채울 시간을 주지 않는 거지.

   건강한 생태계를 알고 있니? 육식 동물은 초식 동물을 먹고, 초식 동물은 풀을 먹는 과정이 돌고 돌아. 그런데 늑대나 호랑이 같은 육식 동물이 사라지면 초식 동물이 많이 늘어나게 될 테고, 초식 동물은 풀이 새로 자랄 시간도 없이 먹어 치우게 될 거야. 그럼 점점 풀이 없어져 메마른 땅이 되고, 초식 동물도 사라지겠지. 결국 생태계는 파괴되고 인간 또한 살아갈 수 없게 되는 거란다.

누구와 함께 살고 있나?

   19세기에 미국은 최초로 국립공원을 만들었지. 자연을 있는 그대로 보존하기 위해서였어. 사냥을 하거나 식물을 채집하는 것을 금지하고, 그 속에 사는 동식물을 보호하기로 한 거야. 이런 공원을 만든 이유는 간단해. 한번 멸종한 동물을 되살릴 수 없기 때문이야. 아무리 과학 기술이 발전해도 이미 사라져버린 도도나 주머니늑대를 만들어 낼 수는 없으니까. 인간도 자연에 속한 하나의 종이지, 자연을 파괴하고 지배하는 존재가 아니야. 그렇기에 더 이상 인간의 손에 의해 동물들이 희생되고 멸종되는 일이 없도록 지켜야 하는 거야.

   만약 동물들이 사람의 말을 할 수 있다면 이렇게 말하지 않았을까?

   "우리도 지구에서 살아갈 권리가 있어요! 어느 누가 우리를 쫓아내도 된다고 허락했나요?"

   우리는 우주 저 멀리에 '누가' 살고 있을까 궁금해 하지. 하지만 정작 같은 지구에 '누가' 살고 있는지는 궁금해 하지 않아. 지구에는 사람만 살고 있는 게 아니야. 우리와 더불어 사는 모든 생물이 각자 살고 있는 자리에서 행복하게 삶을 이어갈 수 있을 때, 이 지구는 정말 평화롭고 아름다운 곳이 될 거야.

동물 실험, 꼭 해야 할까?

화장품이나 약품 등을 만들거나, 유전자와 관련된 실험을 할 때 많은 동물들이 실험의 도구로 쓰입니다. 동물 애호가들은 동물도 고통을 느끼며, 기쁨이나 슬픔 같은 감정을 갖고 있기 때문에 동물을 이용한 실험을 해서는 안 된다고 반대하고 있습니

난 동물 실험을 거친 화장품은 쓰지 않아요. 식물 성분만으로도 충분히 좋은 화장품을 만들 수 있다고요!

화장한 여자

만약 동물 실험을 하지 않으면 그 약이 안전한지 어떻게 알 수 있겠어요? 사람에게 먼저 실험을 해 볼 수는 없잖아요.

의사

토끼에게 하는 안약 실험은 필요 없다고 들었어요. 제약 회사가 단지 약에 문제가 생겼을 때 책임을 피하려고 눈가림으로 하는 실험이라고요. 이렇게 의미 없이 동물을 괴롭히는 실험은 중지해야 해요.

소비자

다. 그 결과 중 하나로 유럽 연합은 2005년부터 화장품 회사에서 제품을 개발할 때 동물 실험을 하지 못하도록 금지하는 법을 만들었습니다. 하지만 동물 실험이 꼭 필요하다고 주장하는 사람들도 많습니다.

동물도 사람과 같은 감정을 갖고 있어요. 슬픔과 고통을 느낄 수 있다고요! 그러니 동물을 괴롭히는 실험은 없어져야 합니다.

동물 보호 단체

우리도 최대한 실험 동물의 고통을 줄이기 위해 노력하고 있다고요.

실험실 직원

동물을 대신할 수 있는 실험 방식을 만드는 것이 중요합니다. 요즘은 컴퓨터에 동물의 반응을 입력해 놓고 실험을 하기도 합니다.

과학자

뉴스와 신문이 하는 말은 모두 진실일까?

미디어와 인터넷 세상

"승객 여러분,
지금 광화문에서 '촛불 집회'를 해서 조금 돌아가겠습니다.
양해해 주십시오."
버스를 타고 집으로 돌아오는 길이었습니다.
버스 기사 아저씨가 안내 방송을 하셨어요.
가뜩이나 길이 막히는데 빙 돌아가야 한다니 짜증이 났어요.
거리에는 촛불을 든 사람들이 모여 구호를 외치고 있었습니다.
"엄마, 저 사람들 왜 저러는 거야?"
여러 사람에게 피해를 주면서까지 촛불 집회를
계속하는 까닭이 뭔지 궁금하기도 했지요.

선택된 진실, 신문 기사

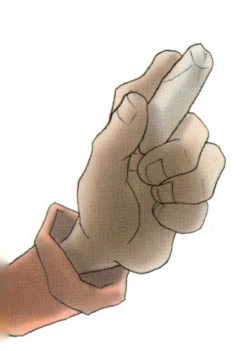

한뫼 초등학교 신문반은 1년에 두 번, '바른신문'이라는 학교 신문을 만듭니다. 신문반 기자들은 기사를 쓰기 전에 여러 번 회의를 해서 신문에 어떤 기사를, 어떤 방식으로 실을지 결정합니다. 편집장인 대연이가 회의를 진행하고 있습니다.

"이번 호에 어떤 기사를 쓸지 각자 의견을 내 보자."

"요즘 마을의 제일 큰 관심사는 쓰레기 소각장 건설이야. 벌써 몇 달째 마을 어른들이 구청이나 건설 회사와 다투고 있잖아."

"난 학교 급식도 문제라고 생각해. 급식 시간에 맞춰 음식을 만들어야 하는데 반찬을 미리 만들어서 다 식는 문제가 있어."

"학교 놀이 기구가 낡은 것도 심각해. 비가 온 뒤엔 옷에 녹물이 들어. 또 언제라도 안전사고가 생길 수 있고."

그 외에도 6학년 수학여행, 도내 축구 대회, 정년 퇴임을 하시는 선생님 등에 대한 기사를 쓰자는 의견이 나왔습니다.

"학교에 대한 기사는 앞에서 말한 것들을 정리해서 쓰면 되겠다. 그런데 마을에 대한 것은 쓰레기 소각장 문제, 불량 식품 문제, 횡단보도 문제 등 의견이 너무 다양해. 학교 신문에 이 기삿거리를 다 싣는 것은 무리야. 이 중에서 가장 중요한 문제라고 생각하는 것을 하나만 정하자."

다시 긴 시간 동안 회의한 끝에 마을 뒷산인 사과산에 짓고 있는 쓰레기 소각장에 대한 기사를 싣기로 결정했어요. 이 기사는 용환이와 민주가 맡았습니다.

용환이는 방과 후에 공사장으로 취재를 하러 갔습니다. 그곳엔 이미 많은 주민들이 모여 쓰레기 소각장 건립을 반대하며 시위를 하고 있었습니다. 어른들이 고함치는 소리와 차가 빵빵거리는 소리로 정신을 차리지 못할 정도였습니다. 한쪽에서는 건설 회사 직원들과 험상궂게 생긴 아저씨들이 시위를 하던 주민들을 억지로 끌어내려 하고 있었습니다. 그때 비명 소리가 들려왔습니다.

"어이쿠! 허리야."

건설 회사 직원이 슈퍼마켓 할머니를 밀쳤습니다. 할머니가 쿵 소리를 내며 용환이 옆으로 넘어지셨어요.

찰칵, 용환이의 사진기에 그 장면이 또렷이 잡혔습니다.

민주는 피아노 학원에서 연습을 마친 후에야 현장으로 갔습니다. 마을 주민들이 건설 회사 직원들을 억지로 차에서 끌어내리고, 포클레인을 뒤집어서 현장 입구를 막고 있었어요. 건설 회사 직원 중 하나는 주민이 던진 돌에 맞아 머리에서 피가 흐르고 있었지요. 민주는 너무 놀라 입을 다물 수 없었습니다. 흥분해서 소리를 고래고래 지르고 두 팔을 마구 휘젓는 어른들의 모습은 평소 알고 지내던 것과는 너무나 달랐습니다. 민주는 마음을 가라앉힌 뒤 뒤집힌 포클레인과 다친 사람의 모습을 사진기에 담았습니다.

다음 날, 바른신문 세 번째 회의가 열렸습니다.

"6학년 수학여행 기사는 6학년 기자가 맡으면 되고, 도내 초등학교 축구 대회 기사는 5학년 기자 중에 4명이 팀을 짜서 취재하는 걸로 하자. 문제는 민주와 용환이가 취재한 사과산 쓰레기 소각장인데, 두 사람이 취재한 내용이 너무 달라서 말이야. 우선 두 기자가 각자 취재한 내용을 듣고 나서 어떤 식으로 기사를 쓸지 함께 논의해 보자."

용환이가 먼저 의견을 말했습니다.

"사과산 공터에 짓기로 한 쓰레기 소각장 문제는 구청에서 마을 주민에게 상의도 하지 않고 발표를 하는 바람에 마을 어른들이 화가 많이 난 상태입니다. 원인은 주민의 의견을 무시한 구청의 잘못인데 오히려 주민에게 폭력까지 쓰고 있었어요. 구청에 항의하는 기사를 쓰는 것이 좋을 것 같습니다."

어른들이 이 문제로 이야기하는 것을 자주 들었던 탓인지 여러 명이 고개를 끄덕였습니다. 용환이의 말이 끝나자 민주가 이야기를 시작했어요.

"제가 취재한 내용은 좀 달라요. 쓰레기 소각장이 필요하다는 것은 모두 알고 있는 사실이에요. 하지만 '우리 마을에는 안 된다.'라고 주

장하는 것은 이기적인 것 아닐까요? 게다가 폭력을 휘두르고 있는 건 우리 주민들도 마찬가지예요. 이러다가는 더 큰 사고가 생길지도 몰라요. 그러니 구청과 주민들이 서로 대화로 문제를 해결하자는 기사를 쓰는 게 어떨까요?"

회의실이 웅성거렸습니다. 누구 말이 옳다, 아니다 마치 반대 시위 현장처럼 서로 다른 목소리가 오고 갔습니다. 편집장인 대연이가 모두를 조용히 시키며 말했습니다.

"신문은 정확한 보도가 생명이라고 생각해. 한쪽 의견만 쓸 수는 없을 것 같아. 하지만 우리 신문은 학교와 마을을 위한 것이니까 마을 주민들이 쓰레기 소각장 건립을 반대하는 이유를 중심으로 기사를 싣도록 하되, 구청의 입장에 대해서도 좀 더 취재해서 양쪽의 주장에 대해 균형을 맞추기로 하자. 그리고 누구의 잘못이든 폭력이 아니라 대화로 문제를 해결해야 한다고 마무리를 짓는 것이 어떨까?"

모두 그게 좋겠다고 고개를 끄덕였습니다.

바른신문

제23호

주민의 쉼터, 쓰레기로 채운다

지난 2월, 구청은 사과산에 쓰레기 소각장을 건설하겠다고 발표했다. 그 후 쓰레기 소각장 건설을 둘러싸고 구청과 주민의 의견이 팽팽하게 대립하고 있다. "사과산은 우리 마을 주민이 약수도 받고 운동도 하는 쉼터입니다. 그런 사과산에 쓰레기 소각장이 생긴다는 것은 말도 안 됩니다." 마을 주민 A 씨의 주장이다.

하지만 구청의 의견은 다르다. "쓰레기 소각장은 반드시 필요한 시설이다. 이 지역 주민도 쓰레기를 배출하고 있지 않은가? 쓰레기 소각장이 들어서는 대신 마을 주민에게 다른 혜택이 돌아갈 수 있도록 노력하고 있다."

양측의 의견은 모두 일리가 있어 보인다. 문제는 구청이 주민의 의견을 무시한 채 일방적으로 이런 중요한 문제를 결정한 데 있다. (중략)

서로에 대한 불신의 벽이 점점 커지고 있다. 건설 현장에서는 마을 주민과 건설 업체 직원 간에 몸싸움이 벌어지고 부상자도 나오고 있다. 폭력은 문제를 해결할 수 없다. 구청의 현명한 대처가 필요할 때다.

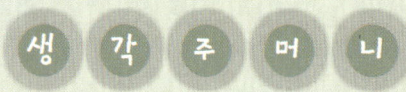

뉴스는 다 진실일까?

대부분의 사람들은 신문이나 텔레비전 등에서 보도하는 기사 내용을 신뢰한다. 신문에서 보도한 기사가, 뉴스에 나오는 영상이 모두 사실이라고 믿는 것이다. 하지만 모든 뉴스가 진실일까?

정보를 전달하는 대중 매체

우리는 신문이나 텔레비전 뉴스, 또 인터넷 등을 통해 새로운 소식과 정보를 접하고 있어. 세상에서 일어나는 여러 가지 사건과 정보를 취재해서 기사를 만들고, 때로는 의견을 덧붙여서 사람들에게 알리는 신문, 잡지, 텔레비전, 라디오, 인터넷 등을 대중 매체라고 해. 이런 대중 매체를 통해 전 세계에서 어떤 일이 벌어지고 있는지 알 수 있지. 만약 신문이나 텔레비전이 없다면 어떨까? 아마 옆 마을에서 일어나는 일조차도 알기 힘들 거야.

그런데 대부분의 사람들은 모든 기사가 진실이라고 믿는 경향이 있어. 하지만 사실은 그렇지 않단다. A라는 나라가 B라는 나라의 석유가 탐이 나서 침공했는데, A나라의 신문에 'B나라의 대량 살상 무기를 없애기 위해서'였다고 실린다면 이 기사는 사실일까?

또 새로운 과학 기술을 개발했다고 주장하는 과학자의 말만 믿고 검증도 하지 않은 채 그대로 기사화한다면 그것 또한 진실이라고 할 수 없겠지. 이처럼 대중 매체는 어떤 목적을 위해 거짓 기사를 쓰기도 하고, 취재를 잘못해서 엉터리 정보를 보도할 수도 있어.

대중 매체는 한계가 있다

왜 이런 일들이 벌어지는 걸까? 기자의 잘못일까? 아니면 또 다른 문제가 있는 걸까?

앞의 이야기에서 나온 '바른신문'은 마을에서 일어난 여러 일 중에서 쓰레기 소각장을 중심 기사로 썼어. 기삿거리는 많은데 지면이 한정되어 있으니 가장 중요하다고 생각한 것을 선택한 거지. 이를 '의제 선택'이라고 해.

기삿거리를 선택한 후엔 그에 대한 여러 입장과 의견 중에 어떤 것을 중심으로 기사를 쓸지 고려해야 해. '바른신문'이 쓰레기 소각장에 대한 여러 입장 중에서 마을 주민의 입장에 서서 기사를 쓴 것처럼 말이야.

기삿거리를 선택하고 어떤 입장을 중심으로 쓸지 결정하고 나면, 신문에 어떤 식으로 실을지 정해야 해. 내용이 어렵다면 전문가의 의견을 덧붙이고 사진이 필요하다면 사진과 기사를 함께 싣는 거지. 또 가장 중요하다고 생각하는 기사는 1면에 싣거나 여러 면에 걸쳐서 특집 기사로 싣기도 해. 이처럼 신문이라는 대중 매체는 지면이 한정되어 있기 때문에 모든 이야기를 다 풀 수 없는 한계를 가지고 있어.

보여준 것만, 들려준 것만 믿게 된다

문제는 신문 지면의 한계나 방송 시간의 제약 때문에 수많은 기사 중 대중 매체에서 중요하다고 선택한 기사만 보게 된다는 거야. '바른신문'에서도 쓰레기 소각장, 학교 앞 문구점에서 불량 식품 파는 문제, 학교 앞 횡단보도의 교통질서 단속 등 여러 기삿거리 중에서 결국 쓰레기 소각장 문제만 실었지. 독자들은 나머지 기삿거리에 대해서는 알 수 없게 된 거야.

혹 신문에 실리지 않은 다른 내용들에 대해 알게 되더라도, 독자는 신문사가 선택한 기사가 더 중요한 것이라고 믿기 쉬워. 또한 여러 입장이나 의견 중에서 기사에서 중요하게 다룬 것을 신뢰하는 경향이 있어. '바른신문'을 본 독자들도 구청의 입장보다는 마을 주민의 입장에 공감하기가 더 쉬울 거야.

신문을 비롯해서, 모든 대중 매체는 많은 기삿거리 중에서 어떤 기사를 선택할지, 그에 대해 어떤 입장을 전달할지 선택하지. 그렇기 때문에, 독자에게 꼭 필요하고 중요한 것이라 해도 대중 매체에서 다루지 않으면 독자는 알 수 없게 돼. 결국 대중 매체에서 보도하는 기사는 완벽한 진실이 아니라, 대중 매체를 만드는 회사나 사람들이 선택한 사실일 뿐이야.

기사를 읽는 힘을 키우자

그럼 신문을 읽지 말아야 할까? 그렇지는 않아. 신문사(대중 매체)에서도 최선을 다하고 있어. 독자에게 꼭 필요한 정보와 사실을 신문에 싣기 위해 노력하고 있지. 더구나 신문을 읽지 않으면 우리 사회에서 일어나는 일들에 대해 전혀 알 수가 없잖아? 그래서 신문 기사를 '제대로' 읽는 힘을 키우는 것이 중요해.

여러 대중 매체를 서로 비교해 보는 것도 좋은 방법이란다. '바른신문'의 독자는 쓰레기 소각장에 대한 주민의 입장은 알 수 있겠지만 구청의 입장에 대해선 잘 모를 수 있어. 하지만 구청의 입장을 다룬 다른 신문을 함께 본다면 쓰레기 소각장에 대한 다양한 입장을 접하게 될 테고, 그만큼 더 정확한 판단을 내릴 수 있을 거야.

가장 중요한 것은, 자신이 읽고 있는 기사는 사실의 일부일 뿐, 전부는 아니라는 점을 염두에 두는 거야. 그리고 누구의 입장을 중심적으로 다루었는지, 기사에 실리지 않은 나머지 부분은 무엇인지에 대해 생각해 보고 또 다른 기사들을 찾아보아야 하는 거지. 신문은 사실이나 정보를 전달하는 매체일 뿐이야. 그것을 읽고 판단하는 것은 어디까지나 우리의 몫이야.

아이돌 스타, 썬샤인

    썬샤인은 10대로 구성된 여성 그룹 '판타지아'의 멤버입니다. 멤버 중 가장 어리지만 예쁘고 춤도 잘 춰서 팬이 많습니다. 그렇다고 썬샤인을 싫어하는 사람이 없는 건 아니에요. 제 생각엔 주로 못생긴 여자들이 썬샤인을 싫어하는 것 같아요. 너무 예쁘니까 질투가 나서 말이죠.

    하지만 남학생들 사이에선 썬샤인이 최고예요. 썬샤인 팬 카페도 수십 개나 되고, 자신의 블로그를 썬샤인의 사진으로 도배하는 사람들도 있어요. 판타지아 공식 팬 카페에서 사진을 사는 사람도 많답니다. 그런데 오늘, 포털 사이트 검색어 1위에 '썬샤인 자살'이 올랐습니다.

    사실일까? 설마, 아니겠지? 가슴이 두근거려서 진정할 수가 없었습니다. 떨리는 손으로 하나하나, 기사를 읽어 내렸어요. 이런, 이런……. 눈시울이 뜨거워졌습니다.

    '이게 다 지난번 그 일 때문이야.'

5개월 전, 썬샤인이 공연 도중 쓰러졌다는 기사가 나왔습니다. 스케줄 때문에 너무 바빠서 몸을 챙기지 못한 탓이었어요. 썬샤인은 잠시 쉬면서 건강을 돌보겠다고 했습니다. 다음에 더 좋은 모습으로 팬들의 사랑에 보답하겠다고요.

　썬샤인이 다시 활동을 시작하자 여기저기서 수군대기 시작했어요. 그리고 얼마 지나지 않아, '썬샤인, 쉬는 동안 얼굴 성형'이란 기사가 인터넷에 떴습니다. 인터넷은 순식간에 썬샤인에 대한 댓글로 가득 찼어요.

네티즌 댓글

펄럭이	피곤해서 쉰다더니 얼굴 뜯어고치느라 쇼를 했군.
눈이군	어디서 고쳤냐? 병원 소개 좀 시켜 줘라.
➡ 몽이죠	제 친구가 강남 H 성형외과 병원에서 썬샤인을 봤대요.
문아무개	썬샤인, 아프다기에 사람인 줄 알았는데 얼굴 보니 인조인간 맞네요.
박아줌마	아무리 인터넷이라지만 기본예절은 지킵시다. 인격 모독이 너무 심하네요.
➡ 홍아저씨	너, 판타지아 알바지?
쭈니	노래 안 되니까 춤만 추더니 이젠 얼굴까지 고치냐? 노래 연습이나 빡세게 하셔.
마루양	썬샤인 욕하는 것들, 죄다 진상인 거 다 알쥐롱~!

썬샤인을 좋아하는 사람들은 성형을 한 것이 뭐가 잘못이냐며, 더 예뻐지고 싶은 건 잘못이 아니라고 생각했습니다. 그러나 몇몇 네티즌들은 썬샤인의 미니 홈피로 몰려가 입에 담지 못할 욕을 퍼부어 댔습니다. 결국 썬샤인은 미니 홈피를 닫고 말았어요. 판타지아는 썬샤인을 빼고 활동했고 더 이상 썬샤인을 볼 수 없었습니다.

얼마 후, 썬샤인이 악성 댓글과 네티즌의 무조건적인 비판에 충격을 받아 대인 기피증과 우울증에 걸렸다는 기사가 나왔습니다. 그러자 이번엔, 썬샤인의 편을 드는 사람들이 인터넷에 썬샤인을 욕하던 네티즌을 비난하는 글을 쓰기 시작했습니다. 인터넷 게시판과 댓글에는 썬샤인을 비난하는 사람과 옹호하는 사람들이 서로 자기 의견을 쓰며 논쟁을 벌였습니다.

그러다 오늘, 썬샤인이 스스로 목숨을 끊었다는 기사가 나온 것입니다.

그렇게 예쁘고 인기도 많았던 썬샤인, 아직 10대의 어린 썬샤인이 죽은 이유를 두고 또 많은 사람들이 인터넷 게시판과 댓글을 채우고 있었습니다.

'인조인간, 노래는 못하고 춤만 추면서 가수인 척하는 애'라는 비난은 다 어디로 사라지고 연민의 댓글만 가득한 것일까요? 인터넷은 썬샤인에게 악성 댓글을 쓴 악플러에 대한 비난으로 가득했습니다. 인터넷을 사용하는 방법만 중요한 게 아니라 인터넷 예절 교육이 더 중요하다는 전문가의 의견도 나왔습니다.

나는 인터넷에서 다른 사람의 일면만 보고 가볍게 욕하고 괴롭히는 글을 쓰는 사람들을 용납할 수 없습니다. 자신은 그저 몇 글자를 쓸 뿐이지만 그것 때문에 상처 받고 괴로워하다 결국 목숨을 끊는 사람이 있다는 것을 왜 모르는 걸까요? 또 전혀 모르는 사람들이 자기를 비난하는 글을 인터넷에 썼다고 귀한 목숨을 스스로 버리는 것도 이해할 수 없기는 마찬가지입니다.

나도 미디어가 될 수 있다, 블로그

인터넷이 발달하면서 개인이 미디어의 역할을 할 수 있게 되었다. 그 중 블로그는 가장 쉽게 자신의 생각, 의견, 관심사 등을 다른 사람에게 표현하는 1인 미디어다. 블로그라는 말은 '웹(web)에 적는 일기'라는 의미를 지니고 있다. 즉 다른 사람에게 보여 주는 일기인 셈이다.

블로그, 다른 사람에게 보여 주는 일기

블로그에 방문하면 블로거가 하루를 어떻게 보냈는지, 무엇을 좋아하는지 쉽게 알 수 있어. 또 좋아하는 연예인 정보나 사진, 다른 사람의 글을 링크한 자료들도 쉽게 접할 수 있지.

그런데 블로그에 오른 글들을 읽다 문득 궁금해졌어. 다른 사람이 자신의 일기장을 읽으려고 하면 대부분의 사람들은 기분 나빠 하잖아. 일기는 자기만의 비밀이라고 생각하니까. 그런데 블로그에는 왜 자신의 비밀스럽고 사적인 이야기들을 아무렇지 않게 올리는 걸까? 그뿐 아니라 블로거들은 더 많은 사람들이 자신의 블로그에 찾아와서 자신의 일기와 사진 등을 봐 주길 바라잖아. 왜 일기장과 블로그를 다르게 생각하는 거지?

왜 블로그를 만들까?

우리는 자신이 어떤 사람인지에 대해 다른 사람들이 알아주길 원해. 내가 누구인지, 무엇을 좋아하고 잘하는지, 어떤 생각을 하고 어떤 일들을 겪었으며 그때 느낌이 어땠는지, 사람들이 알아주고 이해해 주길 바라지. 그래서 블로그처럼 자신을 알릴 수 있는 공간을 만들고 운영하게 되는 거야.

만약 아무도 네 블로그에 찾아오지 않는다면 어떨까? 그런데도 지금처럼 열심히 글을 쓰고 사진과 노래를 올리며 블로그를 가꾸고 있을까? 아마 그러긴 힘들 거야. 사람이 말을 하고 글을 쓰는 건, 또 사진을 찍고 그림을 그리는 건 누군가 나를 기억하고 알아줬으면 하기 때문일 거야.

그런데 인터넷 밖에선 스스로를 드러낼 방법이나 기회가 많지 않아. 학교에서 네가 발표를 하려고 손을 들어도 선생님이 지목하지 않으면 발표할 기회가 없지. 때로는 어리다는 이유만으로 의견이 무시당할 수도 있을 거야. 하지만 블로그에서는 누구나 자신을 표현할 수 있고, 당당하게 말할 수 있어.

일기를 넘어 1인 미디어로 발전하는 블로그

블로그는 자신을 표현하는 것 외에도 여러 가지 역할을 해. 같은 관심사를 가진 사람들이 모여 서로 정보를 교환하기도 하고, 도움을 주고받을 수도 있지. 좋아하는 만화가 언제 나오는지도 알 수 있고, 여행을 갈 때 어떤 것을 준비하면 좋은지에 대해서도 도움을 받을 수 있어.

또, 블로그는 뉴스를 알려 주는 미디어의 역할도 하지. 예전엔 전문적인 기술과 지식을 가진 기자들만 뉴스를 만들 수 있었어. 그렇게 만들어진 뉴스를 신문사나 방송국이 사람들에게 전달했지. 하지만 지금은 누구나 인터넷을 통해 기사를 작성하고 세상에 보일 수 있게 됐어. 블로그에 자신이 관심 있는 분야의 기사를 작성해서 돈을 벌고 있는 사람들도 생겨나고 있고, 대중 매체가 놓친 기사를 네티즌들이 인터넷에 올리는 것도 흔한 일이 되었지. 예를 들어, 이라크 바그다드에 사는 살렘 팍스란 사람은 자신의 블로그에 당시 이라크의 전쟁 상황을 자세히 올렸는데 그가 올린 글과 사진은 유명 방송국이나 이라크 정부의 발표보다 더 생생하고 정확해서 많은 인기를 끌었다고 해.

어떤 관심이라도 받고 싶은 악플러

문제는 자기를 알리고 싶은 마음이 너무 강해 도덕적으로 잘못된 일을 하는 데 있어. 그들은 자신이 올린 게시물에 댓글이 없고, 열심히 만든 블로그에 아무도 찾아오지 않으면 따돌림을 당한 것 같아 화가 나지. 그래서 남들을 깜짝 놀라게 할 나쁜 댓글을 쓰기도 하고, 다른 사람에게 피해를 주는 내용을 올리면서 자신의 존재를 드러내기도 해. 실제로는 아무 내용도 없는데 제목만 근사하게 적어 남을 속이는 사람도 있어. 그렇게 하면 비록 비난일지라도 사람들의 관심을 끌 수 있다고 믿으니까.

이런 악플러들도 인터넷이 아닌 실재의 공간에서는 분명 보통 사람과 똑같이 행동할 거야. 하지만 인터넷에서는 실제 이름이나 모습이 아니라 ID나 닉네임, 아바타 등으로 자신을 표현하므로 원래의 자신은 숨길 수 있다고 생각하지. 이런 것을 이름을 숨긴다는 뜻에서 '익명성'이라고 해. 그래서 다른 사람의 관심을 받을 수만 있다면, 어떤 방법이든 사용하는 거야.

사람은 누구나 여러 사람들로부터 관심을 받기를 원해. 하지만 나쁜 댓글로 관심을 끄는 것은 정당하지 않아. 자신이 어떤 사람인지, 어떤 생각을 가지고 있는지 표현하기 위해서는 거짓 없는 자신의 모습을 당당하게 드러내야 하는 거야. 익명의 숲에 숨어 남을 비난하는 건 비겁한 짓이지. 썬샤인이라는 가수에게 악플을 쓴 사람도 직접 얼굴을 보면서는 그렇게 말하지 못했을 거야.

익명성에 담긴 자유와 책임

익명성으로 인한 피해가 많기 때문에 인터넷에도 실명제를 도입해야 한다는 의견이 있어. 자신이 누구인지 공개된다면 책임감을 가지고 인터넷을 사용할 거라는 주장이지. 글도 가려서 쓰고, 불법 자료를 업로드하거나 개인의 정보를 유출하는 일도 줄어들고, 근거 없이 다른 사람을 비난하는 행위도 없을 거라고 말이야.

하지만 익명성은 표현의 자유를 보호하고 있어. 예를 들어볼까? 무서운 선배가 친구를 괴롭혀. 그런데 그 사실을 알리려면, 네가 누구인지 사람들에게 밝혀야 해. 물론 그 무서운 선배에게도 말이야. 그렇다면, 그 선배가 두려워서 모르는 척하게 되지 않을까? 그 선배에게 해코지를 당할 수도 있으니까.

인터넷 실명제도 마찬가지야. 정치나 사회의 잘못된 부분을 알고 있어도, 자기가 누군지 알려진다면 사람들은 위축될 수밖에 없을 거야. 그만큼 표현의 자유가 줄어드는 거지. 그리고 익명성은 모든 네티즌을 평등하게 만들어. 네가 초등학생이라도 인터넷에서는 다른 사람의 고민을 누구보다 진지하게 듣고 조언을 해 주거나, 멋진 정보를 제공할 수도 있어. 그런데 초등학생이라는 사실이 밝혀지면, '초등학생이 뭘 알겠어?' 하면서 무시당할 수도 있을 거야.

방에 혼자 앉아 일기를 끼적이는 것과, 블로그에 글을 쓰고 사진을 올리는 일은 분명히 차이가 있어. 인터넷은 일기장과 달리 나만의 공간이 아니니까 내가 쓴 글에 대해, 내가 올린 사진에 대해 책임을 져야 하지. 게시판이나 토론방에 글을 쓸 때도 마찬가지야. 자신의 생각을 반영한 글이 다른 사람에게 피해를 주는 것은 아닌지, 거짓을 써서 사람들을 속이고 있는 것은 아닌지 잘 판단해야 해. 그것이 우리 모두가 유용하게 쓰고 있는 인터넷을 깨끗하게 지키고 발전시키는 길이야.

게임에 중독되면 머리가 나빠진다?

'인터넷 중독'이란 자신의 의지와는 달리 인터넷을 사용하지 않을 수 없는 상태, 자신이 꼭 해야 할 일을 하지 않고 인터넷에 매달려 있는 상태, 인터넷을 하지 않으면 공연히 화가 나거나 불안하고 우울해지는 상태를 말합니다.

게임할 때의 뇌는 치매 환자의 뇌와 상태가 비슷합니다. 게임은 고도의 집중을 요하기 때문에 뇌를 많이 사용하는 것처럼 착각하기 쉽지만 실제로 뇌는 거의 움직이지 않지요. 이렇게 뇌를 사용하지 않는 시간이 많아지면 뇌는 게임을 하지 않을 때에도 거의 움직이지 않게 되어 사고력, 추리력, 판단력, 감정 조절 능력 등이 떨어지게 됩니다.

모리 아키오(뇌신경 과학자, 일본대 교수)

하루에 45분만 컴퓨터 게임을 합시다. 나는 컴퓨터와 인터넷 사업을 하고 있지만, 내 딸과 아들에게는 하루 45분만 컴퓨터 게임을 하도록 정하고 있습니다.

빌 게이츠(마이크로소프트사 설립자)

게임이나 도박, 인터넷 중독은 뇌에 치명적인 해를 끼칩니다. 컴퓨터 게임은 불안과 초조감을 느끼게 만들지요. 또 게임은 종합적인 사고와 논리력을 담당하는 뇌의 기능을 가로막고, 암기 능력만을 단련시켜서 뇌의 기능이 균형을 잃게 만듭니다.

신경 정신과 의사

2007년, '인터넷 중독 예방 상담 센터'에서는 인터넷 사용자를 대상으로 인터넷 중독 현황을 조사했습니다. 그 결과, 청소년 7명 중 1명이 인터넷 중독인 것으로 나타났습니다. 특히 그 대부분이 게임 중독이었습니다.

게임 중독은 어떤 것일까요? 또 우리 생활에 어떤 영향을 줄까요?

게임 유저가 많아야 게임 회사는 돈을 벌지요. 그래서 게임을 만들 때 유저가 중독될 수 있는 요소를 넣습니다. 게임을 할수록 레벨을 올리는 방법, 다른 사람과 협력해서 게임을 하는 방법 등이 이런 요소이지요. 게임 유저가 게임 중독에 빠지는 것을 막기 위해, 새로운 방식의 게임을 만들려는 시도가 있기는 합니다. 하지만 회사는 돈을 버는 것이 목표인 만큼 실효성이 있을지 모르겠네요.

게임 제작자

성장 클리닉 의사

게임은 성장에도 영향을 주지요. 게임을 하느라 잠을 자지 않거나, 밥을 먹고 싶은 욕구가 사라지기 때문입니다. 또 오래 앉아 있다 보면, 잘못된 자세를 갖기 쉬워 척추에 문제가 생기지요. 잠을 자도 꿈에 게임의 장면이 나와 깊은 잠을 잘 수 없고요. 결국, 성장에 나쁜 영향을 미쳐서 키가 잘 자라지 않는답니다.

가난한 사람은 모두 게으르고 못난 사람일까?

가난과 굶주림

엘리파는 올해 열 살이 되었습니다.
엘리파는 수학 선생님이 되는 게 꿈입니다.
그런데 몇 달 동안 엘리파는 학교에 가지 못하고 있습니다.
가뭄 때문입니다.
아침 일찍 네 시간을 걸어 물을 길으러 가서
물 한 동이를 들고 다시 네 시간을 걸어 돌아옵니다.
집으로 오는 길에 엘리파는 하늘을 봅니다.
아프리카의 하늘은 아마 우는 법을 잊어버렸나 봅니다.

모잠비크에서 온 편지

"모니(안녕하세요)?"

꼬마 친구에게서 편지가 왔습니다.

"언니, 난 학교에 잘 다니고 있어요. 수학이 너무 재미있어요. 커서 꼭 수학 선생님이 될래요. 언니가 보낸 사진은 공책에 붙여 두었어요. 보고 싶어요! 또 편지 할게요."

곱슬곱슬한 머리카락, 반짝이는 눈동자, 그리고 까만 피부를 가진 내 꼬마 친구의 이름은 수피아입니다. 나는 수피아를 모잠비크에서 만났어요. 모잠비크는 남부 아프리카에 있는 나라입니다. 수피아는 은다울라라는 지역에 살고 있어요.

처음 수피아를 만난 날이 기억납니다. 내가 은다울라에 들어섰을 때 수피아는 붉은 흙벽 집에 기대어 앉아 있었어요.

"모니?" 하고 내가 손을 흔들며 인사했지요.

하지만 수피아는 손을 들 힘도 없어 보였어요. 그 까만 눈동자로 그저 가만히 쳐다볼 뿐이었습니다. 수피아의 팔과 다리는 가는 나뭇가지처럼 앙상하게 말라 있었어요. 곱슬곱슬한 머리카락도 뜨거운 볕에 바랜 듯 희부연 빛을 띠고 있었고요. 수피아의 엄마가 자그마한 바가지 하나를 들고 왔어요. 그 속엔 갈색 액체가 들어 있었어요. 수피아는 바가지를 받아 들고 허겁지겁 마시기 시작했어요.

"그게 뭐예요?"

"물이에요."

"그런 물은 먹을 수 없을 것 같은데……."

내가 걱정된 눈빛으로 말을 흐리며 묻자 수피아 엄마는 깨끗한 물을 구하기 힘들어서 그렇다고 대답했어요. 수피아는 얼굴 하나 찡그리지 않고 그 물을 마셨습니다. 수피아의 엄마가 바가지를 받아 들며 말을 이었어요.

"가뭄 때문에 아무것도 거두지 못하고 몇 달이 지났어요. 수피아의 동생은 한 달 전에 죽었지요. 올 겨울은 어떻게 보내야 할지 걱정이에요. 내년에 뿌릴 씨앗까지 모두 먹어 버렸는데……."

수피아가 사는 마을은 오랫동안 계속된 가뭄 때문에 모두가 굶주리고 있었습니다. 특히 엄마 품에 안겨 있는 아이들이 심각해 보였지요. 배는 불룩 튀어나오고 온몸은 얼마나 말랐는지, 손만 대도 금세 바스러질 것만 같았어요. 몇 달 동안 그들이 먹은 것이라고는 풀을 끓인 죽과 나무뿌리밖에 없다고 합니다. 하루에도 몇 명씩, 가족이나 친구가 죽어가는 모습을 지켜봐야 했대요. 땅바닥에서는 누렇게 먼지가 일고, 사람들은 마을 곳곳에 모여 앉아 먹을 것을, 그리고 가뭄을 해소해 줄 단비를 간절히 기다리고 있었습니다.

함께 간 국제기구 직원들이 서둘러 차에서 구호 물품을 내려놓기 시작했습니다. 밀가루와 의약품, 옷 등이었지요. 나는 밀가루 한 포대를 들고 수피아네로 걸음을 옮겼습니다. 수피아의 엄마는 밀가루를 받아 들고 아무 말도 못한 채 눈물을 흘렸습니다. 조금만 더 빨리 이 밀가루가 왔더라면 수피아의 동생을 잃지 않아도 되었을 텐데, 포대를 움켜쥔 채 파르르 떨리는 손이 꼭 그렇게 말하는 것 같았습니다. 수피아의 얼굴에는 그제야 보일 듯 말 듯 웃음이 피어났습니다.

'그래, 수피아. 힘을 내렴.'

며칠 후 수피아의 몸은 몰라보게 좋아졌습니다. 까맣고 커다란 두 눈을 반짝이며 이것저것 궁금한 것을 내게 물었어요. 참새처럼 재잘거리는 모습이 귀여웠습니다.

"언니는 어디에서 왔어요? 눈은 왜 그렇게 작아요? 남자 친구는 있어요?"

수피아의 언니는 3년 전 옆 마을로 시집을 갔다고 합니다. 그런데 몇 달 전에 큰 병에 걸려 죽었다는 소식을 들었대요. 몸에 두드러기가 나고 기침을 심하게 했다고 하는데 아마도 에이즈였나 봅니다. 요즘 아프리카에는 에이즈 환자가 계속 늘어나 많은 사람들이 죽고 있습니다. 수피아는 언니 얘기를 하며 내 손을 꼭 잡았습니다.

"수피아, 학교에 가고 싶지 않니?"

"가고 싶어요. 하지만 여자 애들은 학교에 보내지 않는걸요. 집에서 농사일도 도와야 되고, 동생들도 돌봐야 하니까……."

"아니야. 가고 싶은 마음만 있다면 방법은 얼마든지 있어. 포기하지 마."

내가 가려고 일어설 때마다 수피아의 손이 옷자락을 꼭 쥐고 놓아 주지 않았습니다. 언니, 언니 하며 나를 따르는 수피아를 떼어 놓고 돌아서려니 마음이 무거웠어요.

국제기구 직원들은 며칠에 걸쳐 마을에 필요한 것들이 무엇인지 조사했습니다. 무엇보다 깨끗한 물과 겨울을 날 식량, 그리고 다음 해에 뿌릴 씨앗이 절실했어요. 기운을 차린 사람들은 너도나도 입을 모아 말했습니다. 마을에 비가 내려 농사를 지을 수만 있다면 더 바랄 것이 없겠다고요.

우리가 떠나던 날, 수피아는 엄마 손을 잡고 마을 입구까지 배웅을 나왔습니다.

"수피아, 건강해져서 학교에 가는 거야. 약속!"

수피아는 꼭 편지하겠다며 작은 손을 내내 흔들어 주었습니다. 그 후, 수피아는 몇 번씩 편지를 보내왔습니다. 그 작은 꼬마가 잊지 않고 편지를 쓰는 모습을 생각하면 가슴이 아프면서도 반가웠습니다.

"언니, 우리 마을에 하느님이 비를 보내 주셨어요. 착한 언니가 다녀가서 그런가 봐요. 아빠는 담배 농사를 짓게 되었어요. 어쩌면 학교에 다닐 수 있을지도 몰라요."

"기쁜 소식이 있어요. 엄마가 동생을 낳았어요. 나는 오전에는 학교에 가고, 오후에는 동생을 돌보기로 했어요. 참, 마을에 우물을 파서 깨끗한 물이 나오게 된대요. 언니, 언제 또 우리 마을에 와요?"
곧 갈 수 있을 겁니다. 아니 꼭 가겠습니다.
'수피아, 조금만 기다려. 언니가 수피아 만나러 곧 갈게.'

아프리카는 왜 가난으로 고통 받는 걸까?

석유와 다이아몬드 같은 천연자원을 갖고 있는 아프리카. 하지만 지금 아프리카는 가뭄과 오랜 전쟁, 에이즈라는 무서운 질병 때문에 가장 가난한 땅이 되었다.

굶주리는 사람들

아프리카는 50여 개의 나라로 구성되어 있어. 그 중 32개국이 세계에서 손꼽힐 만큼 가난한 나라에 속하지. 아프리카 인구 6억 5,000만 명 중 5억 명에 가까운 사람들이 하루 2,000원 미만의 돈으로 살아가고 있단다. 특히 앙골라, 모잠비크, 스와질란드, 소말리아, 말라위 같은 나라에 사는 사람들은 굶주림 때문에 생명까지 위협을 받을 지경이야.

아프리카에는 식량뿐만 아니라 모든 것이 부족해. 마실 수 있는 깨끗한 물도 구하기 힘들고, 질병에 걸려도 치료할 약조차 없어. 특히 깨끗한 물을 마시지 못한 사람들은 콜레라, 장티푸스 같은 병에 걸려서 치료도 제대로 받지 못하고 죽어 가고 있어. 더러운 물로 손을 씻거나 세수를 한 아이들은 눈에 병이 걸려 시력을 잃기도 해. 굶주림 때문에 몸이 약해져서 설사 같은 작은 병에 걸려도 낫지 못하고 어린 생을 마감하고 있단다.

아프리카의 고통, 가뭄과 전쟁

무엇이 아프리카를 이토록 굶주리게 하는 걸까? 아프리카 사람들이 게을러서 일을 하지 않기 때문일까? 그렇지는 않아. 아프리카 사람들도 가난에서 벗어나기 위해 무척 애를 써. 하지만 그들의 노력이 결실을 맺기엔 너무 어려운 상황이 계속되고 있어.

우선, 가뭄이 심해서 농사를 지을 수 없었지. 가뭄은 사람의 힘으로는 어쩔 수 없는 자연재해야. 2000년대에 들어서는 몇 년 동안 비가 내리지 않은 최악의 상태가 계속됐다고 해. 한 가족이 물 한 잔으로 하루를 버텨야 할 정도로 심한 가뭄에 시달렸어. 아이들은 물을 구하러 다니느라 학교에도 갈 수 없었고, 수많은 사람들이 식량과 물을 찾아 다른 나라를 떠돌아다니는 난민이 되어야 했지.

이런 가뭄 속에서도 전쟁은 끊이지 않고 일어나고 있어. 1970년부터 1999년까지 아프리카에서는 무려 43차례나 전쟁이 일어났지. 소말리아에선 서로 권력을 차지하려는 사람들이 전쟁을 일으켰고, 수단에서는 종교가 다른 부족들 간에 전쟁이 일어나서 수십만 명이 죽었지.

전쟁이 일어나면 건장한 남자들은 전쟁터로 끌려가고, 남아 있는 여자들과 아이들은 농사를 짓지 못해 굶주려야 해. 전쟁이 끝난 뒤에도 사람들이 다시 제자리를 찾고, 무너진 집과 망가진 농토를 되살리는 데는 한참의 시간이 필요하지.

부패한 정부로 인해 고통 받는 아프리카 사람들

아프리카에 있는 시에라리온은 세계에서 다이아몬드를 가장 많이 생산하는 나라야. 베네수엘라와 나이지리아는 검은 다이아몬드라 불리는 석유를 가지고 있지. 석유와 다이아몬드는 아주 귀중한 천연자원이야. 하지만 세상에서 가장 값비싼 보석과 펑펑 쏟아지는 석유를 가지고 있어도 그 나라 국민들은 가난하단다. 가뭄이나 전쟁 말고도 국민을 가난하게 만드는 이유가 있기 때문이지. 바로 나라의 지도자들이야.

시에라리온은 다이아몬드를 서로 차지하려는 나라 안의 두 세력 때문에 11년간이나 긴 내전을 겪어야 했어. 내전으로 35만 명 이상이 사망했단다.

베네수엘라는 1970년대 석유로 번 돈을 나라의 발전을 위해 쓰지 않고, 대통령과 권력을 가진 몇몇 사람들이 자신들의 재산을 불리는 데 다 써버렸어.

나이지리아도 석유만 믿고, 나라의 돈을 수도 아부자를 꾸미는 데 흥청망청 사용했지. 그렇게 20년이 지나는 동안 베네수엘라와 나이지리아는 가난한 나라 중 하나가 되고 말았어.

아프리카를 구하라!

2005년 유엔 회의에서는 새로운 세기에 우리 인류가 해야 할 중요한 일을 몇 가지 선정했는데 그 중 첫 번째 목표로 삼은 것이 바로 기아를 없애는 거였어. 오늘날 지구에서 생산되는 식량은, 전 세계 인구의 약 2배나 되는 120억 명이 먹고도 남을 만큼 많아. 그런데도 지구 곳곳에는 굶주림 때문에 죽어가는 사람들이 있어.

"그럼 남아도는 식량을 굶주리는 사람에게 골고루 나눠 주면 해결되잖아?"

어떤 친구는 이런 궁금증을 갖기도 하겠지만 식량 문제는 그렇게 간단하지 않아. 우리나라에서는 먹지만 다른 나라에서는 먹지 않는 음식도 있고, 자기 나라의 농업이나 목축업을 보호하기 위해 일부러 식량 생산을 제한하는 경우도 있어. 식량을 많이 생산하면 가격이 떨어져서 농업이나 목축업을 하는 국민들이 피해를 보니까.

그래서 유엔에서는 아프리카에 보낼 식량을 구입하기 위해 식량 기금을 마련하고 있단다. 그 밖에도 많은 국제 구호 단체가 기금을 모아 아프리카에 필요한 사업을 벌이고 있지. 우물을 파서 깨끗한 물을 마실 수 있게 하고, 의사를 보내서 병든 사람을 돌봐 주기도 해.

아프리카에는 "아이를 키우려면 마을 전체의 힘이 필요하다."는 속담이 있단다. 그 속담처럼, 아프리카를 구하기 위해서는 전 세계의 힘이 필요해. 바다 건너에 있는 먼 나라가 아니라 내 옆에 있는 친구, 옆집에 사는 이웃이라는 생각을 가지고 돕는다면 언젠가는 아프리카에서 굶주리는 사람이 사라질 날이 올 거야.

도시락, 도시락

"야, 다 먹지 말고 남기랬잖아."

내가 눈을 흘기자 현웅이가 움찔, 숟가락을 내려놓았다. 그러면서도 아쉬운지 젓가락으로 남은 밥을 쿡쿡 찔러본다. 한 번 더 눈을 흘겼더니 그제야 입을 뾰로통하게 내민 채 슬금슬금 엉덩이를 빼며 밥상에서 물러났다.

나는 일회용 도시락 용기에서 남은 밥과 반찬을 한곳에 모았다. 찬밥 반 공기에 시금치나물과 어묵 볶음, 김치가 작은 접시 하나에 담겨졌다. 용기들을 치우고, 작은 상 위에 밥과 반찬을 올려놓았다. 우리가 나가고 나면 아빠가 방에서 나와 드실 것이다. 아빠는 우리가 밥을 먹을 때면 늘 방으로 들어가 잠자는 척한다.

"누나, 우리 사거리에 생긴 햄버거 가게 갈까? 거기 2층에 그냥 앉아 있어도 돼. 텔레비전에서 가수들 나오는 것도 볼 수 있어."

현웅이가 속이 다 들여다보이는 말을 한다. 뭐 하러 햄버거 가게까지 가서 텔레비전을 본담? 먹고 싶으니까 공연한 핑계를 대는 현웅이가 얄밉다. 나는 괜히 심통이 나서 톡 쏘아붙였다.

"햄버거 싫어."

"첫, 거짓말! 좋아하면서……."

현웅이 말이 맞다. 나는 햄버거를 좋아한다. 텔레비전에서는 가격을 낮췄다고 광고하지만 햄버거 한 개 값이면 우리 세 식구가 한 끼를 먹을 수 있다. 더구나 먹지도 않을 거면서 뭐 하러 그곳에 앉아 있겠어. 창피하기만 하지…….

아니, 사실은 먹고 싶어 못 견딜까 봐 그게 더 두려웠다. 대신 우리는 최대한 천천히 걸어서 뒷산 공원으로 올라갔다.

"누나, 다리 아파. 산에 가면 배만 더 고프잖아."

현웅이가 뒤에서 투덜댔다. 그래도 나는 모른 체, 나무 계단을 오르기 시작했다.

방학 땐 친구들 만나기가 더 어렵다. 모두들 학원에 가기 때문이다. 현웅이와 나는 학원 같은 건 꿈도 꿀 수 없다. 하루 두 끼도 먹기 어려운 형편에 학원이라니…….

재작년 방학만 해도 온 가족이 제주도에 다녀올 수 있었다. 바닷가에서 모래성도 만들고, 파도타기 놀이도 하고, 저녁에는 다금바리라고 했나? 제주도에서만 난다는 생선도 먹었다. 얼마 지나지 않았는데 그때 일이 10년도 더 된 것처럼 아득하기만 하다.

"누나, 저기 봐."

현웅이의 호들갑스러운 목소리를 따라 고개를 돌리니 작은 다람쥐

한 마리가 아까시나무를 오르는 게 보였다.

"우리 다람쥐 잡을까? 다람쥐 잡아서 '이놈, 도토리 있는 곳을 냉큼 불어라!' 이렇게 고문하자. 응?"

"으이그, 넌 어디서 그런 못된 것만 배웠냐?"

현웅이의 머리를 한 대 콩 쥐어박고는 산 중턱에 있는 의자에 앉았다. 땅에 떨어진 나뭇가지 하나를 주워 들고 땅바닥에 끼적거렸다.

"현웅아, 봐. 에이, 비, 시, 디……."

현웅이는 내가 알파벳을 쓰기 시작하자마자 다람쥐보다 더 빨리 달아나 버린다. 정말 다람쥐를 잡으려는지 아까시나무를 향해 뛰어갔다. 방학 때면 영어 학원도 다녔는데……. 기분 나쁘게 왜 자꾸 옛날 생각만 나는 걸까. 이제 나랑 상관없는 먼 나라 공주님들 이야긴데 말이야.

차 사고가 난 건 재작년 12월이었다. 운전을 하던 아빠가 깜박 졸았다고 했다. 그 바람에 우리 차가 중앙선을 넘어가서 마주 오는 차를 쳤다고 했다.

응급실에 갔을 때 엄마는 하얀 천으로 덮여 있었다. 엄마 얼굴을 보려 했지만 삼촌이 붙잡고 놓아 주지 않았다. 발버둥을 치고, 고함을 지르고, 엉엉 울어도 소용없었다. 삼촌은 얼굴을 일그러뜨린 채 손아귀에 더욱 힘을 주었다. 그때, 마지막 인사를 하지 않았다고 엄마가 서운해 하지 않았을까?

아빠는 허리를 심하게 다쳤다. 사고 처리비며 병원비가 많이 나왔지만 아빠 회사에서는 한 푼도 줄 수 없다고 했다. 아빠가 비정규직

사원이라 회사에서 치료비를 줄 의무가 없다는 거였다. 파업을 하고, 농성을 하다 돌아가는 길에 사고를 낸 주제에 어디서 보상금 얘기를 꺼내느냐며 오히려 큰소리를 쳤다.

처음엔 아빠 회사 동료들과 친구들이 찾아와서 여러 가지로 도움을 주었지만 몇 달이 지나자 그마저 끊기고 말았다. 그리고 우린 전셋집에서 사글셋방으로 이사를 했다. 여름이면 우리 가족은 비좁은 방에서 땀을 뻘뻘 흘리며 잠을 청해야 했다. 퀴퀴한 땀 냄새와 몸에서 뿜어져 나오는 열기 때문에 숨이 다 막힐 지경이었다. 옷이나 학용품을 사는 일도 점점 줄어들었고, 전기가 끊겨서 양초를 켠 채 지내기도 했다.

어느 날 주민 자치 센터에서 직원이 찾아왔다. 기초 생활 보호 대상자가 되었으니, 매달 돈이 나올 거라고 했다. 학교 급식도 무료로 먹을 수 있고, 방학 때는 쿠폰을 나눠 준다고 했다.

"쿠폰을 주신다고요?"

"응, 쿠폰을 가지고 가면 근처 식당에서 밥을 먹을 수 있어."

고마움보다도 눈물이 핑 돌았다. 언젠가 학교에서 무료 급식을 하는 아이를 보며 "쟤는 할머니랑 둘이 사는데 가난해서 공짜로 밥을 주는 거래." 하며 친구들과 수군거렸던 일도 떠올랐다. 가난이라는 말, 공짜라는 말, 그리고 걱정하는 척했지만 마음속에선 조금쯤 친구를 얕봤던 생각들이 머리를 스쳐 지나갔다. 눈물을 보일까 봐 얼른 고개를 숙였다.

처음 쿠폰을 들고 식당에 가던 날, 들어가지도 못하고 주위만 계속

뱅뱅 돌았다.
'저 문을 열고 들어가면 모두 내가 가난하다는 걸 알게 되겠지?'
배고프다고 보채는 현웅이의 손을 끌고 그냥 돌아온 적도 몇 번 있었다.

"에이, 되게 빠르네. 누나, 이것 봐라, 산딸기다."
현웅이는 다람쥐를 놓쳤는지 투덜대며 돌아왔다. 손에는 빨간 열매 몇 알이 들려 있었다. 피식 웃음이 나왔다.
"이건 뱀딸기야. 먹으면 큰일 나요. 넌 식물도감도 안 봤냐?"

현웅이는 울상이 되더니 못내 아쉬운 듯 뱀딸기를 쳐다보았다. 나는 뱀딸기를 툭 쳐내고 현웅이 손을 잡았다.

"우리 내려가면서 먹고 싶은 거 말할까?"
"좋아. 누나부터 해."
"난 떡볶이."
"음, 나는 자장면."
"탕수육!"
"피자, 라면, 김밥 그리고 순대. 또……."
"야, 배터지겠다. 하나씩 해."
"히, 그런가?"

산을 내려가면서 내일 도시락에는 식당 아줌마가 밥을 꾹꾹 눌러 담아 줬으면 좋겠다고 생각했다.

가난은 개인의 잘못이 아니다!

2007년 한국의 국가 경제 규모는 세계 13위였고, 1인당 국민 소득은 2만 달러였다. 그런데도 저소득층은 해마다 늘어나는 추세다. 가난 때문에 밥을 굶는 아동 또한 늘고 있다.

가난한 사람이 늘어난다

사람이 살아가는 데는 돈이 필요해. 밥을 먹고, 옷을 입고, 교육을 받는 것 모두 돈이 있어야 할 수 있는 일이지. '이 정도는 있어야 굶지 않고 헐벗지 않으며 살 수 있어.'라고 정해 놓은 최소한의 돈이 '최저 생계비'야.

1996년에는 최저 생계비보다 수입이 적은 사람들이 전체 인구의 3.1% 정도였어. 그런데 2003년에는 10.4%나 되었지. 그 동안 어떤 일이 있었기에 가난한 사람들이 더 늘어난 걸까?

1997년, 우리나라 경제에 큰 위기가 닥쳤어. 외국에 많은 빚을 지고 제때 갚지 못했기 때문에 외국의 신뢰를 잃게 됐고, 외국 투자자들이 한꺼번에 우리나라에서 손을 떼는 일이 벌어졌어. 당연히 경제가 위태로워졌고, 작은 회사들이 문을 닫기 시작했지. 일부 회사들은 직원들을 정리 해고하는 방법으로 인건비를 줄여 나갔어. 이 때문에 많은 사람들이 직장을 잃고 어려운 생활을 하게 됐지. 노숙자가 된 사람, 가족이 뿔뿔이 흩어져 살게 된 사람, 모두 힘들고 고통스러운 때였단다.

열심히 일하면서도 가난한 사람들

'비정규직'이란 말을 들어보았니? 정식으로 회사에 입사해서 일하는 것이 아니라, 일정 기간 동안만 일하기로 계약한 사람들을 비정규직이라고 불러. 경제 위기 이후 회사들은 비정규 직원을 많이 고용했어. 정규 직원에게는 여러 가지 복지 혜택을 주어야 하고, 해마다 월급을 올려 주어야 해. 하지만 1년이나 2년씩 계약하는 비정규직에게는 그럴 필요가 없으니까 회사 입장에선 상당히 유리한 셈이지. 실제로 비정규직이 받는 월급은 정규직의 절반 정도야.

일을 하는 사람 입장에서는 '비정규직'이란 것이 매우 불안한 자리야. 언제 회사를 그만둬야 할지 모르니까. 그래서 월급이 적거나 회사에 불만이 있어도 해고될까 봐 말을 꺼내기 힘들어. 일을 하는 노동자이면서도 노동자의 정당한 권리는 가질 수 없는 거야.

경제 위기 이후에 많은 회사들이 다시 이익을 내게 되었지만 노동자들에게는 그만큼 이익을 돌려주지 않고 있어. 오히려 비정규 직원을 더 많이 고용하고 있지. 지금 우리나라 노동자 중 비정규직은 약 56%에 달해. 다른 어느 나라보다 높은 비율이야.

가난한 부모, 배고픈 아이들

부모가 가난해지면 자녀들도 당연히 가난을 겪게 돼. 지금 우리나라 18세 이하 아동의 수는 약 1,100만 명이야. 그 중 하루 세 끼를 제대로 먹지 못하는 아동이 100만 명이나 돼. 약 10명 중 1명의 어린이가 가난 때문에 밥을 굶고 있는 거지.

한 지역의 아동 센터에서 아이들에게 새해 소망을 써 보라고 한 일이 있었어. 그 아이들이 쓴 글 중에 가장 많은 내용은 하루 세 끼 밥을 먹었으면 좋겠다는 거였어. 어느 가난한 나라의 이야기가 아니야. 경제 규모 세계 13위라는 우리나라의 어린이들이 한 말이야. 새로 나온 게임기나 장난감을 갖고 싶다는 것도 아니고, 공부를 잘하고 싶다는 것도 아니었어. 그저 배고프지 않았으면 하는 것이 가장 큰 소망이었던 거지.

가난은 되풀이된다

밥을 굶는 아이들의 문제는 단지 배가 고픈 것으로 그치는 것이 아니야. 제때 밥을 먹지 못하기 때문에 건강과 발육에 큰 문제가 생길 수 있어. 건강이 좋지 못하면 학교 공부를 제대로 할 수 없게 되지. 부모님의 보살핌을 받지 못하기 때문에 청결한 차림을 하고 다닐 수도 없어. 이러다 보니 점점 자신감이 없어지고, 또래 아이들과 어울리기도 싫어해. 그래서 학교에서 왕따를 당하는 아이들이 많아지는 거야. 이런 아이들의 가정을 들여다보면 부모가 안정된 일자리를 갖고 있지 않거나 직업이 없는 경우도 있고, 병 때문에 일을 못 하고 있는 경우도 있어.

가난한 부모는 자녀들에게 충분한 교육을 시킬 수가 없어. 부모의 소득에 따라 아이들이 받는 교육의 기회도 큰 차이가 나지. 영어나 미술처럼 많은 돈이 드는 과외 교육은 더더욱 생각 할 수 없어. 이렇게 저소득층 자녀들은 교육의 기회가 적기 때문에 어른이 되어서 안정된 직장을 찾지 못하는 경우가 많아. 가난이 부모에게서 자녀에게로 대를 이어 계속되는 것이지.

가난, 누구의 책임일까?

왜 아이들이 밥을 굶어야 할까? 쉽게 생각하면 가난한 부모 때문이라고 말할 수 있겠지. 좋은 직업을 갖지 못해 수입이 적으니, 당연히 자녀들이 굶주리는 거라고. 하지만 오늘날 가난은 개인에게만 책임을 물을 수 없는, 사회적인 문제가 되었단다.

  아무리 열심히 일하려고 해도 일자리가 없고, 정식 직원이 되어서 고정적으로 돈을 벌고 싶어도 회사에서 고용해 주지 않는다면 어쩔 수가 없는 노릇이야. 그래서 열심히 일하려는 개인의 노력과 함께 가난을 없애려는 정부나 사회의 노력도 필요하지. 그럼 정부나 사회가 할 수 있는 일에는 어떤 것들이 있을까?

  밥을 굶는 아이들에게는 하루 세 끼 영양가 있는 식사를 제공해 주어야 하고, 돈이 없어도 똑같이 교육을 받을 기회를 주어야 해. 그래야 그 아이들이 가난에서 벗어날 수 있어. 열심히 일한 노동자들과 이익을 나누고 안정된 일자리를 보장하는 것은 기업의 몫이지.

  정부도 실업자들을 위해 일자리를 충분히 공급하고 취업 교육 프로그램을 만드는 등, 여러 가지 노력을 해야 돼. 복지 예산을 마련해서 가난한 사람들을 지원하는 것도 꼭 필요한 일이란다.

  우리들의 마음도 중요해. 내 주위에 굶주리는 친구는 없는지, 가난 때문에 고통을 받는 이웃은 없는지 돌아보고, 그들과 함께 나누는 마음을 가지는 것이 무엇보다 중요할 거야. 이렇게 사회 구성원 모두가 노력할 때 우리 사회의 가난은 점점 줄어들게 되고, 가난 때문에 꿈을 포기하는 아이들도 사라질 거야.

돈과 행복은 비례할까?

    2007년 한국의 행복 지수는 세계 102위였습니다. 잘산다는 나라, 미국은 150위를 차지했지요. 그럼, 행복한 사람이 많은 나라는 어디였을까요? 경제 순위로 따지면 209위인 '바누아투'라는 나라입니다.

    호주의 한 대학에서는 돈과 행복의 관계를 연구한 적이 있습니다. 그 결과 큰 도시인 시드니에 살고 있는 부유한 사람들보다 도시 외곽에 사는 저소득층이 더 만족하며 살고 있다는 대답을 들을 수 있었습니다. 그리고 이웃과 친하게 지낼수록, 가족과 함께 살수록 더 행복하다고 했습니다. 돈과 행복은 과연 어떤 관계가 있는 걸까요?

우리는 좋은 집도 없고 멋진 차도 갖고 있지 않아요. 하지만 아름다운 자연이 있고, 주위를 둘러보면 맛있는 열대 과일과 물고기들이 널려 있어요. 그거면 충분해요.

바누아투 사람 1

여기엔 도둑이 없어요. 남의 것을 탐내지 않지요. 우리는 날마다 축제를 열고, 마을 사람들이 모두 모여 즐긴답니다. 그게 행복의 비결이지요.

바누아투 사람 2

직장에서 일하는 하루하루가 힘들어요.
직장 동료들 모두가 경쟁자예요. 해마다 월급은 올라가지만
그게 과연 행복일까 그런 생각이 듭니다.

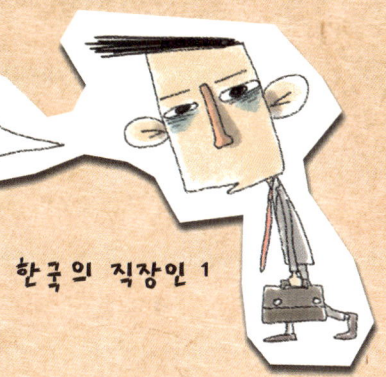

한국의 직장인 1

가난하다는 건 상대적인 것 같아요. 나는 집도 있고,
차도 있고, 안정적인 직장도 있어요. 하지만 얼마 전에 친구가
부동산으로 큰돈을 벌었다는 소식을 들으니,
내가 너무 가난한 것 같은 기분이 들었어요.

한국의 직장인 2

방글라데시 사람

방글라데시도 가난한 나라 중 하나지요.
하지만 우리는 가난을 그리 부끄러워하지 않아요.
모두 다 가난하기 때문에 서로 힘든 처지를 잘 알고,
그래서 나누며 살지요.

저는 매일 친구들에게 이런 말을 듣습니다.
"저리 꺼져."
"내 숙제 네가 해."
"너랑 짝할 사람 아무도 없을걸."
"청소 너 혼자 다 해. 선생님한테 이르면 알지?"
"너, 수업 끝나고 남아."
"맞고 싶으면 계속 그래라."
아시겠죠? 네, 저는 '왕따' 입니다.
여러분도, 제가 싫으신가요?

왜 나를 따돌릴까? 재는 도대체 왜 저래?

집단 따돌림과 아동 학대

야외 수업을 했습니다

　윤지네 학교는 바닷가에 있습니다. 그래서 가끔 근처 바다에서 야외 수업을 합니다. 바다가 보이는 낮은 언덕까지 조금만 걸어가면 되거든요.

　친구들은 모두 즐거워하지만 윤지는 야외 수업의 '야' 자만 들어도 마음이 무거워집니다. 친구들이 깔깔거리며 뛰어노는 걸 물끄러미 쳐다보고만 있어야 하니까요. 그런데 오늘은 웬일인지 성은이와 친구들이 같이 놀자고 했습니다. 몇 달 동안 윤지에게 말도 걸지 않았던 친구들입니다. 윤지는 뛸 듯이 기뻤습니다.

　모래성도 쌓고, 물장난도 하고, 점심시간엔 친구들과 김밥도 나눠 먹었습니다. 친구들이 윤지에게 모래찜질도 해 주었어요.

　"이렇게 하면 피부가 좋아진대."

　친구들이 키득키득 웃으며 윤지의 몸을 덮었습니다. 윤지도 모래 알갱이가 몸에 닿을 때마다 간지러워서 깔깔깔 웃었지요.

오후가 되자 선생님께서 호루라기를 부셨습니다. 모두 모이라는 신호였습니다.

아이들 모두 두 팔로 날갯짓을 하며 뛰어갔습니다. 그러나 윤지는 여전히 모래 더미에 갇혀 있었어요. 윤지가 큰 소리로 성은이를 불렀지만 성은인 뒤도 돌아보지 않았습니다.

"21명밖에 없네? 없는 사람이 누구지?"

"모르겠는데요?"

"선생님, 김윤지는 화장실 갔어요. 제가 기다렸다가 같이 갈게요."

"그럴래? 그럼 성은이가 반장이니까 책임지고 윤지 데리고 가라."

"네."

모두 돌아가고, 성은이와 몇몇 아이들만 남았습니다.

"다들 간 거지? 이제 우리도 슬슬 가 볼까나. 노래방 갈래? 내가 쏠게."

"김윤지는 어떡하고?"

"사람들 많은데 뭘. 지가 도와달라고 하겠지, 설마 그냥 있겠냐?"

"하긴…… 그래. 가자, 신곡 하나 멋지게 뽑아 줄게."

혼자 남은 윤지는 고개를 돌려가며 주위를 둘러보았습니다. 아직 사람들이 많았어요. 공놀이를 하거나, 가만히 앉아 바다를 바라보는 사람도 있었지요. 하지만 아무도 윤지에게 관심을 보이거나 말을 걸지 않았습니다. 가족이나 친구들이 주위에 있을 거라고 생각했겠지요.

무거운 모래에 묻혀 얼마나 누워 있었는지 모르겠습니다. 허리도 아프고 목도 아팠습니다. 하지만 윤지는 사람들에게 도와달라고 말할 수 없었습니다. 자기가 왕따라는 사실을 다른 사람들이 눈치 채는 게 싫었거든요.

사람들의 웃음소리, 파도 소리, 가끔씩 갈매기의 울음소리가 들렸습니다. 햇볕에 얼굴이 따가웠지만 바닷바람이 얼굴을 식혀 주었습니다. 윤지는 어느새 스르르 잠이 들었습니다.

"너희들 혹시 어제 윤지 본 사람 있니? 집에 안 들어갔다는데……. 야외 수업 끝나고 윤지 본 사람 없어?"

"……."

"반장, 어제 윤지, 잘 데리고 갔지?"

"네. 윤지가 곧바로 집에 갈 거라고 했는데요."

"그럼 대체 이 녀석이 어디로 간 거야? 무슨 일이라도 생긴 건 아닌지 원……. 혹시 윤지 보게 되면 선생님한테 꼭 말해야 한다."

선생님이 나가시자 반 아이들이 웅성거리기 시작했습니다.

"성은아, 어떡해? 어제 우리가 김윤지 그냥 두고 왔잖아."

"김정원! 너, 선생님한테 그 말 했다간 알지? 절교야!"

성은이가 눈을 부라리자 정원이도 입을 꾹 다물었습니다.

'어떻게 하지? 이제라도 사실대로 말할까……?'

다른 아이들이 모두 돌아간 교실에 혼자 남은 성은이는 혹시 윤지가 잘못된 건 아닌지 걱정이 됐습니다. 하지만 일부러 바닷가에 두고 왔다고 말할 수는 없었습니다. 그랬다간 선생님께 혼날 것 같았거든요. 성은이는 그동안 윤지에게 했던 일들이 떠올랐습니다.
 재수 없다고 물을 끼얹고 모래를 뿌렸던 일, 아무도 윤지에게 말을 걸지 못하게 시켰던 일, 윤지 실내화를 물에 빠뜨렸던 일, 숙제 공책을 감춰 벌을 받게 했던 일, 그리고 바닷가에 혼자 두고 온 일…….
 '정말 무슨 일이라도 생겼으면 어떡하지?'
 걱정이 되면서도 괜히 짜증이 났습니다.
 '쳇, 바보 같은 계집애! 모두 다 윤지 잘못이야.
 난 아무 책임 없어!'

우린 모두 왕따 피해자예요

산부인과 신생아실에서 근무하는 사람이 들려준 이야기다.

"갓난아기는 한 아기가 울기 시작하면 같은 방에 있는 아기들이 모두 따라서 울어. 다른 사람의 고통을 자기의 고통처럼 느끼거든."

그 말을 들은 다른 사람이 말했다.

"딸이 다섯 살인데 넘어져서 울고 있으니까 세 살짜리 동생이 자기가 물고 있던 젖병을 누나 입에 물려 주더라. 누나의 마음을 위로하고 싶었던 거지."

다른 사람이 고통 받는 모습을 보았을 때 우리는 어떻게 하고 있을까?

나와 같은 사람은 아무도 없다

'똑같아 나라'가 있어. 이 나라 사람들은 모두 똑같아. 생김새도 똑같고, 몸무게도 똑같고, 성격도 똑같아. 하는 행동도 아주 똑같지. 집도, 학교도 다 똑같이 생겼어. 네가 똑같아 나라에 산다고 상상해 봐. 어떨 것 같니?

너는 긴 소매 티셔츠 위에 반소매 티셔츠 겹쳐 입는 걸 좋아하지? 그런데 모든 친구가 너와 똑같이 입고 다닌다면 기분이 어떨까? 미술 시간에 그린 그림도, 작문 시간에 지은 시도, 시험 점수도 똑같다면? 달리기 할 때도 마찬가지일 거야. 한 번에 몇 명이 달리든 모두 똑같은 속도로 달려서 동시에 결승점에 도착하겠지. 네 친구가 누군지, 엄마가 누군지 알아볼 수나 있을까? 생각만 해도 정말 재미없고 끔찍한 나라일 것 같다. 그렇지 않니?

다행히 우리가 사는 사회에는 똑같은 사람이 아무도 없어. 혹시 외모가 닮았더라도 성격이나 생각, 능력 등이 모두 다르지. 개미만 봐도 으악 비명을 지르는 사람이 있는가 하면, 아무렇지도 않게 송충이를 잡는 사람도 있어. 공부를 잘하는 사람도 있고 운동을 잘하는 사람도 있지. 이처럼 우리 사회에는 서로 다른 사람들이 다양한 모습으로 어울려 살고 있단다. 그 중에는 잘난 척하는 사람, 이기적인 사람, 친구들과 어울리지 않고 자기 공부만 하는 사람, 행동이 느린 사람, 고자질하는 사람, 장애가 있는 사람 등 여러 성향과 환경을 가진 사람들이 있지. 그리고 자신과 달라 마음에 안 든다고, 또 만만해 보인다고 다른 사람을 괴롭히고 따돌리는 사람도 있어.

피해자만 있는 폭력, 왕따

윤지에게는 쉬는 시간에 같이 놀거나 말을 걸어 주는 친구가 없어. 그래서 급식도 늘 혼자 먹고 체육 시간에도 짝을 못 찾아서 애를 먹어야 해.

하지만 이런 친구는 많지. 답답하다며 따돌리는 친구, 재수 없다고 욕하는 친구, 윤지가 숙제한 공책을 찢고 윤지의 체육복을 화장실에 버리는 친구 말이야.

그래, 윤지는 왕따야. 왕따(집단 따돌림)는 한 사람을 정해 놓고 여럿이 따돌려서 몸과 마음에 피해를 주는 것을 말해. 왕따는 폭력이란다.

폭력이라면 누군가가 맞아서 크게 다치거나 입원하는 경우를 떠올릴 거야. 그래서 왕따라는 게 그저 조금 놀리거나 괴롭히는 정도일 뿐, 폭력이라고는 생각하지 않을 수도 있어. 왕따당하는 친구가 겉으로 보기엔 멀쩡하고, 학교에도 잘 나오니까 말이야. 그럼 왕따를 당한 친구도 그렇게 생각할까?

1년 동안 왕따를 당했다는 어떤 친구가 이렇게 말하더구나.

"난 항상 머리가 아파요. 입맛이 없어서 학교 급식을 몰래 버리고요. 누가 말을 걸면 아주 깜짝 놀라거나 나도 모르게 벌컥 화를 내요. 사람 만나기도 무섭고…….

이런 내 자신이 바보 같아요. 뉴스를 보니까 왕따였던 형이 자살했대요. 하지만 난 그 정도는 아니에요. 가끔은 날 따돌린 친구에게 복수하거나 내가 힘들 때 도와주지 않는 친구를 괴롭히는 상상을 하거든요. 그럼 기분이 조금은 좋아져요. 왕따를 당하는 건요, 100미터 달리기를 하는 것과 같아요. 100미터 달리기 할 때, 너무 긴장하면 배가 땅기고 머리도 아프잖아요. 난 하루 종일 100미터 달리기를 하는 셈이에요."

초·중·고등학생 중 25%(4명 중 1명)가 왕따로 인해 이런 괴로움을 겪는다고 해. 그러니 왕따를 시키는 친구들이 그냥 장난삼아 하는 거라고 말해도, 다른 친구들도 모두 그렇게 행동한다고 변명을 해도, 피해를 본 친구가 있으면 그것은 옳은 행동이 아니야. 다시 말하지만, 왕따는 분명히 폭력이야.

그럼 왕따가 아닌 나머지 75%의 학생은 어떨까? 내가 당하는 게 아니니까 마음이 편하기만 할까?

왕따를 시킨 사람은 조그만 일에도 쉽게 화를 내고 마음이 불안해. 속마음까지 털어놓을 정도로 진정한 친구를 사귀는 것도 힘들지. 자신도 왕따가 될까 봐 친한 척할 수는 있어도 진심으로 좋아하기는 힘드니까 말이야. 폭력 학생으로 찍힐 수도 있을 거야. 그럼 학교에 어떤 문제가 생길 때마다 의심을 받게 되겠지. 전학을 가야 하거나 심할 경우엔 폭행죄 등으로 구속될 수도 있어. 왕따를 당해 괴로워하던 친구 얼굴이 계속 떠올라 후회하기도 하지.

구경만 했던 친구도 괴롭긴 마찬가지야. 나도 왕따가 되면 어쩌나 하는 생각에 주위 친구들 눈치를 보게 되고, 자유롭게 말하고 행동하는 것도 힘들지. 또 왕따를 당한 친구를 돕자니 자신도 왕따가 될 것 같아 두렵고 그냥 보고만 있자니 양심이 괴롭고 말이야.

13명의 친구

어쩌면 왕따를 당하는 데에는 그럴 만한 이유가 있기 때문이라고 주장할지도 몰라. 마음에 안 드는 사람이 있는 것은 어쩔 수 없는 일이지. 하지만 자기 마음에 안 든다고 해서 그 사람을 따돌리고 괴롭히는 게 옳은 일일까? 그렇지 않아. 세상에는 남을 괴롭힐 수 있는 권리 같은 건 없어.

"왕따를 당하는 친구를 봤을 때, 어떻게 하나요?"

학생 100명에게 물었어.

절반 정도는 '모른 체한다.'고 대답했어. 자신이 따돌림을 당하지 않으려고 어쩔 수 없이 따라 한다는 친구도 있었지.

불과 13명만이 '왕따당하는 친구를 돕는다.'고 답했어. 이 13명의 친구가 우리 반을, 우리 학교를 왕따와 폭력의 두려움에서 벗어나게 하는 소중한 존재들이 아닐까? 서로가 서로를 믿고 의지할 수 있게 하는 든든한 버팀목 말이야.

너는 지금 어떤 친구니?

친구가 생겼습니다

윤지가 학교에 나오지 않은 지 일주일이 지났습니다. 오늘 종례 시간에 선생님께서 윤지가 가출을 했다고 말씀해 주셨습니다.

성은이는 윤지가 바닷가에서 있었던 일을 선생님께 이를까 봐 걱정이었습니다. 하지만 하루, 이틀 윤지가 학교에 오지 않는 날이 길어지자, 어느새 윤지를 걱정하고 있었습니다.

사실, 반 친구들이 윤지와 놀지 못하게 한 것은 성은이었습니다. 항상 고개를 푹 숙이고 있고 옷도 지저분하고 준비물도 안 가지고 오는 윤지가 싫었습니다. 그냥 보기만 해도 짜증이 났습니다. 그렇지만 윤지가 가출까지 할 줄은 몰랐습니다.

성은이는 윤지네 집에 가 보기로 했습니다. 학원에 안 간 걸 알면 엄마한테 혼이 날 테지만, 지금은 윤지 걱정이 더 컸으니까요.

윤지네 집에 도착하자, 망설여졌습니다. 괜히 친한 척, 집까지 찾아온 것이 후회가 되기도 했습니다. 그런데 마침 대문이 열려 있어 성은이는 안을 살짝 들여다보았습니다.

윤지는 마룻바닥에 쏟아져 있는 라면과 김치 등을 걸레로 닦고 있었습니다.

"김윤지."

성은이가 윤지를 불렀습니다. 윤지가 흠칫 놀라며 돌아보았습니다.

"어, 반장?"

윤지가 걸레를 뒤로 감추며 일어섰습니다.

"우리 집엔 무슨 일로……?"

"무슨 일은, 선생님이 가 보라고 하셔서 온 거야."

성은이가 없는 소리를 했습니다.

그때 방에서 고함 소리가 들려왔습니다.

"조용히 못 해? 아비가 잠을 자는데 어디 계집애가 떠들어?"

곧이어 소주병과 베개도 휙휙 날아왔습니다. 성은이는 깜짝 놀라 눈이 동그래졌어요. 그런 성은이의 팔을 윤지가 집 밖으로 이끌었습니다.

"미안해. 우리 집에선 떠들면 안 돼. 아빠가 싫어하셔."

"가출했다면서 집에 있네? 그럼 학교엔 왜 안 온 거야?"

"상관하지 마. 너희들은 다 날 싫어하잖아. 내가 학교에 안 가니까 괴롭힐 애가 없어서 그러니?"

"누군 좋아서 이러냐? 선생님이 시켜서 온 거라니까. 그러니까 왜 학교에 안 왔는지 말해. 안 그러면 선생님한테 거짓말했다고 다 말할 거야."

"알았어. 얘기할게. 그렇지만 선생님한테는 비밀이야."

윤지는 아빠와 단둘이 삽니다. 엄마는 서울에 돈 벌러 가셨지요. 한 달에 한 번씩 윤지를 보러 오셨지만 언제부턴가 발길이 뚝 끊어졌습니다. 아빤 엄마가 오지 않는 게 모두 윤지 때문이라며 화를 냈습니다.

"네가 게을러터진 데다 공부까지 못하니까 네 엄마가 안 오는 거잖아!"

아빤 모든 것을 윤지 탓으로 돌렸습니다.

"어쩌면 엄마가 안 오시는 건, 정말 나 때문일지도 몰라. 엄마가 오실 때마다 아빠랑 무섭게 싸우셨기 때문에, 가끔은 엄마가 안 오셨으면 좋겠다고 생각했거든. 그래서 내가 미워서……."

"바보 같은 소리 하지 마. 자식을 미워하는 엄마가 어딨니? 무슨 사정이 있으시겠지."

"그럴까?"

"당연하지. 그런데 학교는 왜 안 오는데? 네가 가출했다는 얘기는 또 뭐야?"

윤지는 조금 망설이는 듯하더니, 곧 말을 하기 시작했습니다.

"야외 수업 갔던 날 생각 나? 날은 어둑어둑해지는데 너희들 모습은 안 보이고, 눈물이 날 것 같더라. 그래도 너희들이 돌아올 거라고 믿었거든. 그래서 기다렸던 건데……. 그래서 기다리다 늦었던 건데……. 늦게 왔다고 아빠가 불같이 화를 내셨어. 머리며 옷에 묻은 모래를 보고는 학교에 가지 말라며 버럭 소리를 지르셨지. 나쁜 짓만 배운다고. 그래서 아빠가 선생님께 전화해서 내가 가출했다고 말한 거야. 내가 옆에 있었는데도 말이야. 내 머리도 잘라버리셨어. 그래야 밖에 못 나간다고. 머리 모양이 좀 이상하지?"

어색하게 웃으며 모자를 벗은 윤지가 머리를 만졌습니다. 그러고 보니 윤지의 머리 모양이 남자 애처럼 짧고 삐죽삐죽했습니다.

"다른 애들은 엄마가 밥도 해 주고 청소도 해 주고 같이 놀러 가기도 하는데, 난 만날 집 청소하고 밥하고 아빠 심부름하고……. 준비물 살 돈도 없는데 아빤 나한테 술 사오라고 소리 지르고 물건 집어던지고."

윤지의 눈에서 눈물이 뚝 떨어졌습니다.

"학교에 가도 너희들이 따돌리고……. 나도 학교 가기 싫어. 아빠도 싫고 다 미워. 난 엄마한테 가고 싶어. 엄마, 엄마아……."

윤지가 울기 시작했습니다. 성은이의 눈에도 눈물이 맺혔습니다.

"울지 마. 내가 미안하잖아. 앞으로 내가 도와줄 게 있으면 말해."

"소용없어. 어차피 아빠 때문에 학교에도 못 가는걸. 난 엄마 찾으러 서울에 갈 거야. 엄마랑 살면서 돈도 많이 벌 거야."

"안 돼. 혼자서 어떻게 엄마를 찾니? 선생님한테 말씀드리자. 내가 잘 말씀드릴게. 아니면 널 도와줄 곳이 있을 거야. 그러니까 쪼끔만 참아, 응? 나도 같이 가 줄 테니까 절대 혼자 가지 마. 알았지?"

"갑자기 왜 나를 도와주려는 거야? 내가 불쌍해 보여?"

"아니야, 그런 거. …… 오늘부터 너랑 나랑 …… 친구, 비슷한 거라서 그래."

성은이가 얼굴을 붉히며 말했습니다.

"친구……."
윤지의 얼굴에 수줍은 웃음이 피어올랐습니다.

생각주머니

고통 받는 아이들이 있어요

사람은 서로 의지하며 살아간다. 부모님과 친척들, 그리고 선생님과 친구들……. 그 외에도 많은 사람들이 우리를 좋아하고, 우리의 건강과 행복을 바란다.
반대로 우리를 함부로 대하고 괴롭히는 사람이 있을 수도 있다. 때로는 그런 사람이 선생님이나 이웃 사람, 그리고 이야기 속의 윤지처럼 친구나 부모님일 수도 있다.

아동 학대, 알고 있나요?

어른이 아동을 괴롭히는 것을 아동 학대라고 해. 아동의 몸과 마음을 다치게 하고, 행복하게 사는 것을 방해하는 거지. 아동이 고통스러운 상황에 처했을 때 도와주지 않고 방관하는 것도 아동 학대에 포함된단다. 어른은 아동을 보호할 의무가 있어. 그런데도 가끔 그것을 잊는 사람이 있으니 문제지. 또 이런 사실을 제대로 알지 못하는 어른도 많아.

아동 학대 중에 가장 흔하게 일어나는 것이 체벌이야. 역사 드라마를 보면, 가끔 죄인에게 곤장을 치는 장면이 나오지. 예전엔 잘못을 저지른 사람에게 벌을 주는 것을 '체벌'이라고 불렀단다. 요즘에는 부모님이나 선생님이 교육을 목적으로 매를 들 때, '체벌'한다고 말하지. 체벌이 교육적인 효과가 있다며 찬성하는 사람도 있고, 아동의 인권을 무시하는 거라며 반대하는 사람도 있어. 하지만 어른들이 감정적으로 매를 들거나 너무 심하게 체벌하는 것에는 모든 사람이 반대한단다. 그

것은 아동 학대일 뿐이니까.

　체벌 외에도 아동을 사고팔거나 유괴하는 일, 강제로 노동을 시키는 일도 아동 학대에 포함돼. 너와는 상관없는 일이라고? 정말 그럴까? 우리가 먹고 입는 것, 사용하는 것들 중엔 너와 같은 또래의 친구들이 학대를 당하며 만든 것도 있다는 사실을 알고 있어?

　예를 들어 보자. 네가 좋아하는 초콜릿 케이크나, 밸런타인데이에 주고받는 초콜릿은 카카오라는 열매로 만들어. 이미 알고 있다고? 그럼 카카오를 '아프리카의 땀'이라고 부르는 것도 알고 있니? 카카오는 주로 아프리카의 '코트디부아르'라는 나라에서 많이 재배하지. 전 세계 생산량의 45%가 이곳에서 생산돼.

　이곳 카카오 농장에는 25~28만 명에 이르는, 다섯 살에서 열다섯 살까지의 아동이 일을 하고 있어. 대부분 팔려왔거나 납치, 유괴된 아동이란다. 어른에게는 임금을 많이 줘야 하니까 아동에게 일을 시키는 거야. 이 아동들은 아프리카의 무더운 날씨 속에서 하루에 10시간씩 일을 하고 있어. 또 일을 해도 돈을 받는 경우는 거의 없지. 카카오뿐 아니라 네가 쉬는 시간마다 갖고 노는 축구공과, 너희 집 거실에 깔린 카펫을 짜는 아이들도 많단다. 채석장에서 무거운 돌을 나르고 심지어 전쟁터에서 싸워야 하는 아이들도 있지. 이렇게 강제 노동을 당하는 아동이 2억 5천만 명이나 된단다.

욕을 하거나 무시하는 말과 행동으로 아동의 자존심을 상하게 하는 것, 위협을 해서 불안하게 만드는 것, 아동의 마음을 괴롭히는 것도 아동 학대야. 어딘가에 가두는 행위 또한 아동 학대에 속하지. 그리고 어른이 자신의 성적 만족을 위해 아동의 신체를 만지거나 이용하는 것도 아동 학대란다. 성폭력이라고도 해.

아동을 그냥 방치해 두는 것도 아동 학대에 속해. 아동에게 먹을 것이나, 안전하게 쉴 수 있는 집을 주지 않거나 학교에 보내지 않는 것, 아동에게 관심을 가지지 않아서 외롭게 만드는 것들이 모두 포함되지. 또 아동이 아플 때 제대로 치료받게 하지 않는 것도 아동 학대란다.

아동의 권리를 지켜 주세요

어른은 아동을 보호할 의무가 있고 아동은 어른의 보호를 받을 권리가 있어. 어른의 보호를 받는다고 해서 아동이 그들의 소유물이란 말은 절대 아니야. 아동도 권리가 있고 자기의 생각과 의견을 존중받아야 해. 뿐만 아니라 아동이기에 더욱 세심하고 많은 권리를 누려야 하고 어른보다 더 보호를 받아야 하지. 하지만 지금도 학대를 당하는 아동이 많이 있어.

사람들이 아동 학대에 관심을 가지고 학대받는 아동을 도우려고 나선 것은 그리 오래 되지 않았어. 그 전엔 아동을 부모님과 어른들이 잘 보살피고 있다고만 믿었지. 그러다 제2차세계대전을 겪으면서 사람들은 어른들로 인해 수많은 아동이 희생된 것을 깨달았지. 그제야 사람들이 반성하기 시작했단다. 그래서 유엔은 1959년 '아동 권리 선언'을 발표했고, 1989년에는 아동의 권리를 더욱 강조한 '아동 권리 조약'을 선언했지. 우리나라도 1991년에 이 조약에 가입했어.

유엔의 아동 권리 조약에는 중요한 원칙이 세 가지 있어. 첫째는, 이 조약의 주인인 '아동'은 18세가 되지 않은 어린이와 청소년을 가리킨다는 거야. 또 하나는 그 '아동'이 황인이든 백인이든 흑인이든, 또는 남자든 여자든, 어떤 종교를 가지고 있든, 부유하든 가난하든 상관하지 않고 모든 아동을 차별하지 않는다는 것이지. 마지막 원칙은 사회와 정부가 어떤 일을 결정할 때는 제일 먼저 아동을 생각해야 한다는 거야. 아동에게 가장 도움이 되는 것을 선택하고, 그것을 위해 최선을 다해야 한다는 것이지. 위험한 상황에서도 아동을 제일 먼저 구해야 하고 말이야.

너를 비롯해 모든 아동이 누려야 하는 권리에는 또 어떤 것이 있는지 궁금하지? 뒤에 나오는 '아동의 권리'를 확인해 보렴. 그리고 꼭 기억해 둬. 네가 어른이 되더라도 말이야.

아동의 권리

1989년 3월, 유엔은 '아동 권리 조약'을 선언했습니다. 이 조약은 전 세계 모든 아동(18세보다 어린 사람)의 생존, 보호, 발달에 힘쓰고, 아동을 학대, 착취, 방임하는 것을 금지하는 54개 조항으로 이루어져 있습니다. 아동 권리 조약은 세계에서 가장 많은 나라가 가입한 조약입니다.

좋아요(Yes)!

생존할 권리

아동은 부모, 가족과 함께 살 권리가 있어요.
아동은 안전한 집에서 영양가 있는 음식을 먹고
몸이 아플 때는 치료와 보살핌을 받을 권리가 있어요.

보호받을 권리

모든 아동은 어떤 이유로도 차별을 받지 않아야 해요. 보호자가 없는
아동이거나 난민 아동일 때 특별한 도움을 받아야 해요. 아동이 노동을 할 경우,
정당한 대가를 받아야 해요. 위험한 상황에 있는 아동은 꼭 도와야 해요.
아동이 범죄를 저질렀을 때, 벌을 받아야 하지만 특별한 보호를 받고
가족을 만날 권리가 있어요.

발달할 권리

아동은 이름을 가질 권리가 있고 국민이 될 권리가 있어요. 아동은
좋은 교육을 받을 권리가 있어요. 아동은 쉬고 놀 수 있는 권리가
있어요. 아동은 문화를 즐길 권리가 있어요. 아동은 원하는 정보를
얻을 권리가 있어요. 위험을 겪은 아동은 건강하게 사회에
다시 적응하여 성장할 수 있도록 모든 도움을 줘야 해요.

또 유엔은 1991년, '아동 권리 위원회'를 설치하여 '아동 권리 조약'이 잘 지켜지는지 감독하고 있습니다. 조약에 가입한 나라들은 5년마다 이 조약을 잘 지키고 있다는 내용을 아동 권리 위원회에 보고해야 합니다.

전 세계가 '아동 권리 조약'을 통해 선언한 아동의 권리에는 어떤 것이 있을까요?

안 돼요 (NO)!

생존할 권리

아동을 굶주리게 해선 안 돼요.
어른이 아동에게 신체적, 정신적, 성적인 폭력을 쓰면 안 돼요.
위험한 곳에서 노동을 하게 해선 안 돼요.
구걸을 시키거나 범죄를 저지르게 해서도 안 돼요.

보호받을 권리

아동을 유괴하거나 가족과 헤어지게 해선 안 돼요. 아동을 성적으로 이용해서 돈을 벌어선 안 돼요. 15세가 안 된 아동에게 노동을 시키거나 전쟁에 이용해선 안 돼요. 아동이 범죄를 저질러서 벌을 받아야 할 때도 고문을 하면 안 되고 종신형, 사형을 시켜서도 안 돼요.

발달할 권리

대중 매체는 아동에게 해로운 정보를 주면 안 돼요. 아동에게 종교를 강요해선 안 돼요. 장애 아동을 차별하지 않아야 하고, 적절한 보살핌과 교육을 시키지 않으면 안 돼요.
소수 민족 아동의 고유한 말과 문화를 무시해선 안 돼요.

※ 아동에게는 위에 나온 '생존할 권리', '보호받을 권리', '발달할 권리' 외에도 '참여할 권리'가 있습니다.

장애는 부끄러운 것인가?
몸이 불편한 사람들

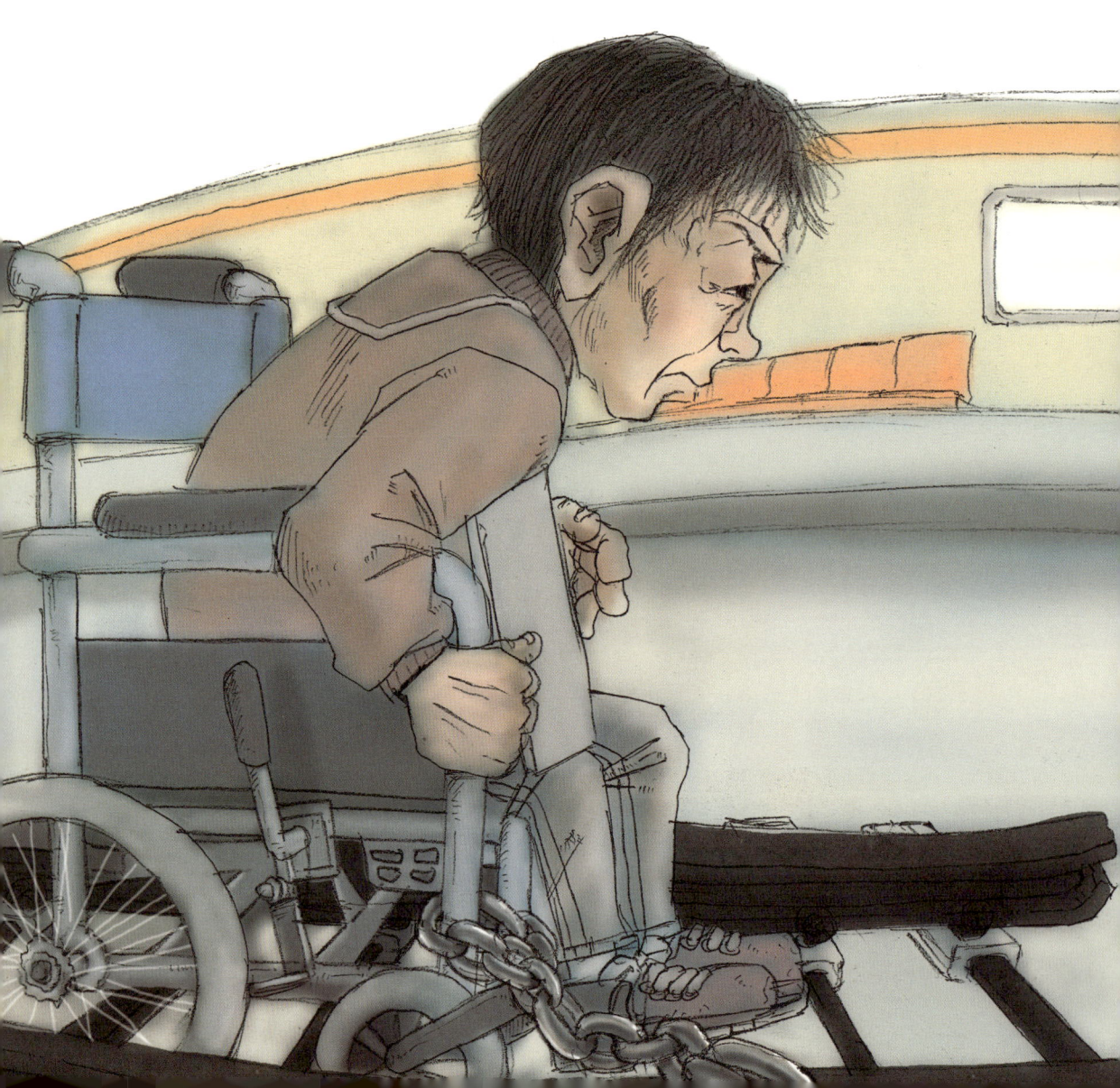

아빠가 맛있는 저녁을 사 줄 테니 회사 근처로 나오라고 하셨다.
"엄마, 빨리빨리!"
피아노 학원이 끝나자마자 나는 엄마 손을 잡고 역으로 뛰었다.
역 안에는 많은 사람들이 모여 무언가를 보며 웅성거리고 있었다.
휠체어를 탄 아저씨가 철로와 휠체어를
쇠사슬로 묶고서 전철 앞에 버티고 있었다.
지하철은 그 아저씨 때문에 승강장 안으로 들어오지 못했고
사람들이 투덜대는 목소리는 점점 커졌다.
나도 짜증이 나기 시작했다.
약속 시간은 점점 다가오는데……
한편으로는 궁금하기도 했다.
저 아저씨는 무섭지도 않나?
잘못하면 지하철에 치일 수도 있는데,
저런 행동을 하는 이유가 뭘까?

살아 있는 비너스

그리스 시대에 만들어진 '밀로의 비너스'라는 조각상은 두 팔이 없습니다. 하지만 아무도 비너스에게 팔을 달아 주어야 한다고 말하지 않아요. 만약 살아 있는 사람에게 두 팔이 없다면 어떨까요? 밀로의 비너스를 보듯 그렇게 바라볼 수 있을까요?

1965년 4월 8일, 한 아기가 태어났습니다. 아기를 본 병원 사람들은 모두 할 말을 잃고 말았습니다. 모습이 보통의 아기들과는 너무 달랐기 때문이었지요. 팔과 다리는 짧았고, 얼굴은 온통 붉은 점으로 가득해서 마치 작은 괴물처럼 보였습니다. 이 아기가 바로 앨리슨 래퍼입니다. 병원 사람들은 앨리슨의 어머니에게 말했어요.

"이 아이는 하루라도 빨리 장애아 시설로 보내는 게 좋겠어요."

그 당시 장애아들은 대부분 부모와 함께 살 수 없었습니다. 시설에서 장애아를 돌보는 것이 아이에게도 좋다고 생각했거든요. 그래서 앨리슨은 태어난 지 일주일 만에 가족과 헤어지게 되었습니다.

앨리슨의 병은 '해표지증'이었습니다. 해표지증은 팔다리의 뼈가 없거나 너무 짧아 손발이 몸통에 붙어 있는 장애 증상을 말해요. 앨리슨도 양쪽 팔이 없고, 짧은 다리에 발이 달려 있었지요.

시설에는 앨리슨처럼 장애를 가진 아이들이 많았습니다. 앨리슨은 그곳에서 정한 규칙에 따라 놀이를 하거나 공부를 하다 잠자리에 들어야 했습니다. 투정을 부릴 때도, 한밤중에 무서운 꿈을 꾸다 깰 때도, 앨리슨을 따뜻하게 안아 줄 사람이 없었습니다. 하지만 앨리슨은 밝고 영리한 소녀였습니다. 잘 웃고, 때론 짓궂은 장난을 치기도 했지요. 공부를 썩 잘하지는 못했지만 미술을 좋아했습니다. 세 살 때부터 발로 붓을 잡고 그림을 그렸고, 열여섯 살에는 미술 대회에서 상을 받기도 했지요.

17년 뒤, 앨리슨은 시설을 나오게 되었습니다. 이제 혼자 힘으로 세상을 살아가야 했지요. 어떤 공부를 해야 할지, 무슨 일을 해야 할지 모든 것을 스스로 판단하고 결정해야 했습니다.

"그냥 이곳에 있으면 안 될까요? 나가고 싶지 않아요. 제발 부탁이에요."

그동안 자기를 보호해 주던 공간이 사라지자 앨리슨은 두려웠습니다. 하지만 그런 두려움은 오래가지 않았습니다. 세상과 떨어져 방에 갇혀 있는 것보다, 좀 불편하더라도 세상으로 나가 사람들을 만나고 싶다는 소망이 더 컸으니까요.

앨리슨에게는 꿈이 하나 있었습니다. 바로 대학에 가서 미술 공부를 하는 거였지요. 그래서 20대 중반의 나이에 브라이튼 미술 대학에 입학했습니다. 그때까지 브라이튼 미술 대학에는 장애인이 다닌 적이 없었습니다. 그러니 장애인을 위한 시설물도 당연히 없었지요. 휠체어가 다닐 수 있는 경사로도 없었고, 엘리베이터 버튼도 앨리슨에겐 높기만 했습니다. 누군가 와서 버튼을 눌러 주지 않으면 위층으로 올라갈 수도 없었지요.

교수들과의 사이도 겸연쩍기만 했습니다. 장애인을 가르쳐 본 적이 없는 교수들은 앨리슨을 어떻게 대해야 할지 몰랐어요. 그래서 강의실이나 복도에서 앨리슨과 마주쳐도 슬쩍 외면하곤 했습니다. 그러나 앨리슨은 그런 편견과 불편을 잘 참아냈습니다.

대학에서는 인체 데생을 많이 했습니다. 앨리슨은 정상적이고 아름다운 몸을 가진 모델들을 그리는 것이 행복했어요. 마치 자신의 팔과 다리가 정상인처럼 움직이고 춤추는 것처럼 느껴졌습니다. 캔버스를 그림으로 가득 채울 때마다 가슴이 울렁거릴 정도였지요. 그러던 어느 날, 앨리슨의 그림을 보던 한 교수가 말했습니다.

"학생은 자신이 누구인지 보고 싶어 하지 않는군. 그래서 자신과 다른 인간의 몸만 그리는 게 아닐까?"

앨리슨은 충격을 받았습니다. 자신의 몸에 대해 깊이 생각해 보지 않았던 거지요. 아니, 어쩌면 장애가 있는 자신을 애써 잊으려고 했던 것인지도 모릅니다. 앨리슨은 복잡한 마음에 도서관에 앉아 미술 관련 책들을 들춰 보고 있었습니다. 그때 한 사진이 눈에 들어왔습니다.

"어, 이건? 바로 나잖아!"

앨리슨은 조각상이 인쇄된 책장에서 눈을 뗄 수 없었습니다. 그 조각상은 고대 그리스 시대에 만들어진 밀로의 비너스라는 작품이었습니다. 두 팔이 잘려진 조각상, 하지만 사람들이 아름답다고 칭송해 마지않는 그 조각상이 바로 자신의 몸과 닮았던 것이지요.

그때부터 앨리슨은 자신의 몸에 관심을 갖기 시작했습니다. 석고로 자신의 몸을 떠서 조각상을 만들기도 했지요. 앨리슨은 그 작품들을 졸업 전시회에 내놓았고, 교수들은 앨리슨의 새로운 시도를 높게 평가했어요. 결국 앨리슨은 수석으로 졸업을 하게 되었습니다.

졸업 후 앨리슨은 정식으로 화가가 되어 자신의 몸을 그린 작품들을 사람들에게 보여 주었지요. 그 작품을 본 사람들의 반응은 제각각이었어요. 어떤 사람은 불편해 하며 작품을 똑바로 쳐다보지 않았고 어떤 사람은 앨리슨의 용기에 박수를 쳐 주었어요. 또 진지하게 충고하는 사람도 있었습니다.

"앨리슨, 누구도 자신의 거실에 장애인이 그려진 그림을 걸어 두고

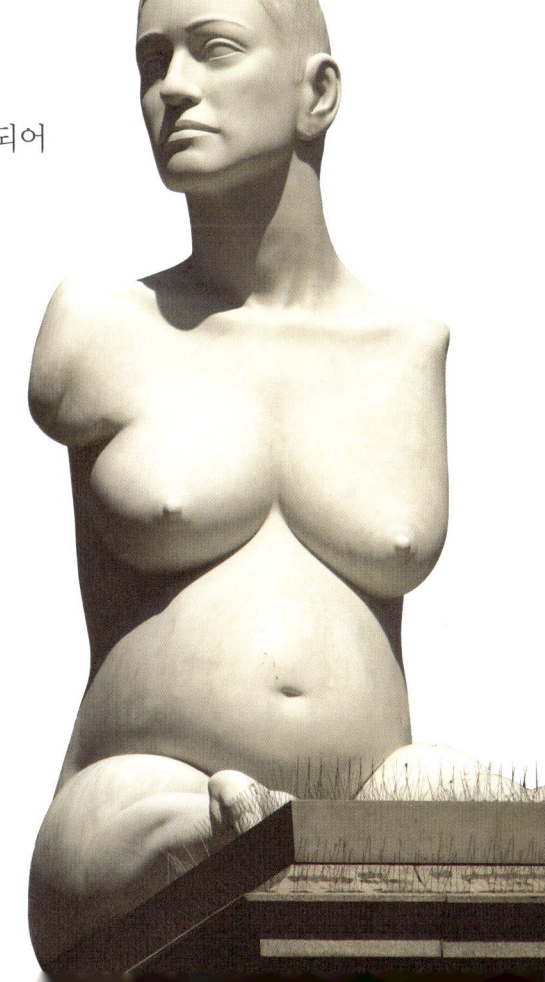

싶어 하진 않아요."

하지만 앨리슨은 더욱 자신의 작품 세계에 열중할 뿐이었어요. 당당하게 살아가는 앨리슨은 사랑하는 사람도 생기고, 아기까지 갖게 되었습니다. 주변 사람들은 걱정을 늘어놓았습니다.

"그런 몸으로 어떻게 아이를 키우려고 해?"

"엄마처럼 장애를 가진 아이를 낳을 수도 있어."

앨리슨은 두려워하지 않았습니다. 그동안 자신이 해 온 일들이 다른 사람들에게는 엉뚱하고 불가능해 보이는 일이었지만 모두 꿋꿋하게 헤쳐 왔다는 것을 잘 알고 있었기 때문입니다.

아이를 가진 지 7개월쯤 되었을 때, 마크 퀸이라는 조각가에게서 연락이 왔습니다.

"저, 허락해 주신다면 당신의 몸을 조각상으로 만들고 싶습니다."

'임신한 여자의 몸을 조각상으로 만든다고? 그것도 나의 몸을? 사람들이 그런 조각상을 보려고 할까?'

앨리슨조차 고개를 갸우뚱거렸습니다.

오랜 작업 끝에 드디어 조각상이 완성되었어요. 완성된 '임신한 앨리슨 래퍼'는 영국의 트래펄가 광장에 전시되었습니다. 역사적으로 유명한 영웅들의 조각상이 전시되어 있는 곳이었지요. 조각상은 곧 유명해졌고, 전 세계 사람들이 앨리슨에게 관심을 쏟기 시작했습니다. 모두 장애에 굴하지 않는 앨리슨의 용기를 높이 평가했어요.

그러나 앨리슨은 사람들의 관심이 자신에게 쏠리는 것이 탐탁지 않았어요. 앨리슨이 원하는 것은 이 세상에서 장애에 대한 편견이 사라지는 것뿐이었거든요. 사람들의 생각을 변화시키는 데 자신이 도움이 되었으면 하고요.

'그림을 그릴 수 없다, 일 할 수 없다, 자동차를 운전할 수 없다, 아이를 낳을 수 없다.'

앨리슨은 수많은 반대를 겪었지만, 그 모든 일을 보란 듯이 해냈습니다. 그림을 그리고, 사진을 찍고, 아이에게 젖을 물리고, 따뜻한 심장 소리를 들려주었지요. 다만 비장애인보다 좀 더 시간이 걸리고, 좀 더 열심히 노력해야 했을 뿐입니다.

'임신한 앨리슨 래퍼' 조각상이 세상을 향해 묻습니다.
"장애는 감추고 부끄러워해야 하는 것인가요? 장애란 아무것도 할 수 없다는 뜻인가요?"

장애인도 비장애인과 똑같은 권리가 있다

"한국엔 길거리에 턱이 많고, 장애인을 위한 배려가 부족해요. 그래서 길에서 장애인을 만나기가 어려운 것 같아요."

앨리슨 래퍼가 우리나라에 왔을 때 한 말이다.

100명 중 4~5명이 장애인

길에서 장애인을 보기 힘들다고 하니까 어떤 친구가 그러더구나.

"장애인 수가 적어서 그런 것 아니에요?"

그렇지 않아. 우리나라 인구 약 5,000만 명 중 215만 명이 장애인이야. 100명 중 4~5명이 장애인인 셈이지. 그리고 이들 중 12% 정도만 장애를 가진 채 태어난 것이고, 나머지 88%는 교통사고를 당했거나, 병에 걸렸거나, 일을 하다 다쳐서 생긴 후천적 장애야. 모두 살아가면서 장애를 가지게 된 거지.

이렇게 장애인의 수가 많은데도 우리는 학교에서, 버스에서, 지하철에서, 백화점에서, 거리에서 장애인을 만나는 경우는 별로 없어. 마치 옆에 장애인이 없는 것처럼 살고 있지. 왜일까?

장애인을 가로막는 것들

휠체어를 타고 밖으로 나온 장애인에게는 수없이 많은 장애물이 기다리고 있어. 길거리에 불쑥 튀어나온 턱이나 계단은 물론이고, 좁은 골목길도 장애인이 움직이는 것을 가로막고 있지. 영화를 보려고 해도 극장에 경사로가 없다면 그냥 포기해야 돼. 장애인을 위한 화장실이 없어서 곤란할 때도 많아.

장애인들이 대중교통을 이용하는 것은 문제가 없을까? 장애인에겐 버스, 지하철, 택시 등을 이용하는 것도 쉽지 않아. 지하철역 계단을 내려가기 위해 리프트를 타려면 10분, 20분이 걸리지. 리프트에서 떨어져 다치는 경우도 있어. 그래서 엘리베이터를 설치하고 있는데, 그 엘리베이터가 누구를 위한 것인지 갸우뚱해질 때가 많아. 장애인을 위한 엘리베이터라면 지상에서 지하철 승강장까지 연결되어 있어야 하는 게 당연하잖아. 그런데 어떤 역은 매표소까지만 엘리베이터를 운행하고 있어. 결국 매표소에서 승강장까지는 다시 계단으로 가야 하는 불편을 겪고 있지.

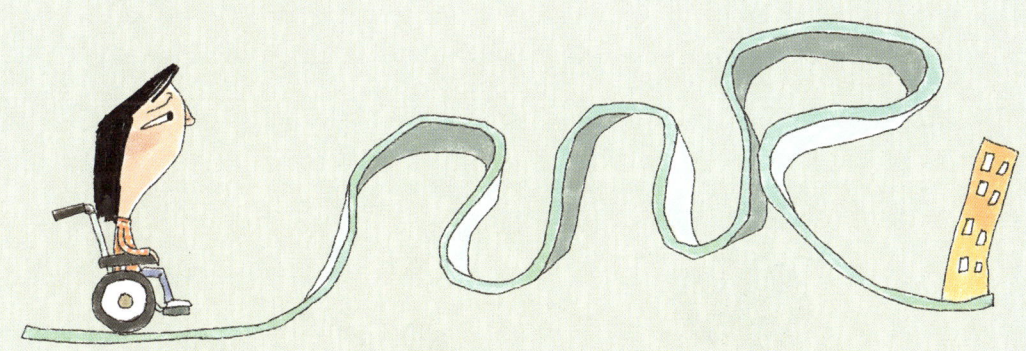

버스는 더 불편해. 장애인을 위해 버스 문을 낮춘 저상버스가 있기는 하지만 대부분의 버스는 휠체어를 타고 이용할 수 없어. 그래서 버스에 탄 장애인을 보기 힘든 거야. 또 1·2급 중증 장애인을 위해 1588-4388번으로 신청하는 장애인용 콜

택시도 있어. 휠체어를 탄 채로 탈 수 있고 요금도 일반 택시보다 저렴하게 이용할 수 있어 큰 도움을 주고 있지. 하지만 그 수가 아주 적은 데다 도시 중심으로 운행하고 있어서 농촌이나 외곽 지역에 사는 장애인이 이용하기엔 한계가 있단다.

가장 두려운 것은 나와 다르다는 시선

그 밖에도 장애인이 집과 시설을 나서지 못하는 이유는 또 있단다. 휠체어를 타고 나온 장애인에게 길을 다닐 때 가장 힘든 것이 무엇인지 물었어. 울퉁불퉁한 길? 건물의 입구마다 솟구쳐 있는 턱? 아니면 불편한 교통 시설?

모두 아니야. 그 장애인은 사람들의 눈길이 가장 힘들다고 대답했어. 불쌍하다는 듯이 쳐다보는 눈길, 호기심에 가득한 눈길, 가는 길에 방해가 된다는 듯 귀찮아하는 눈길…….

그런 눈길을 생각하면 다시는 밖으로 나오고 싶지 않다고 말이야. 장애인은 불쌍한 사람, 장애인은 우리와 다른 사람이라는 잘못된 생각이 장애인의 외출을 막고 있는 것은 아닐까? 또 그런 생각이 장애인에게 다가갈 수 없도록 우리를 묶고 있는 것은 아닐까?

우리 옆의 장애인

어떤 사람들은 이렇게 말하기도 해.
"세상은 위험한 곳이야. 장애가 있는 몸으로 돌아다니기보다 집에 가만히 있는 편이 안전해."
하지만 장애인에게도 친구를 만나고, 일을 하고, 영화를 보고, 물건을 사는 등 일상생활을 누릴 권리, 자유롭고 안전하게 움직일 권리가 있어. 그들이 마음껏 세상과 소통하며 살아갈 수 있도록 불편한 거리와 교통수단 등을 고쳐야 해. 무엇보다 중요한 것은 우리의 마음가짐이야. 그들이 단순히 보호받거나 보살펴야 하는 사람들이 아니라 우리와 함께 살아가는 친구임을 잊지 않아야 하는 거지.

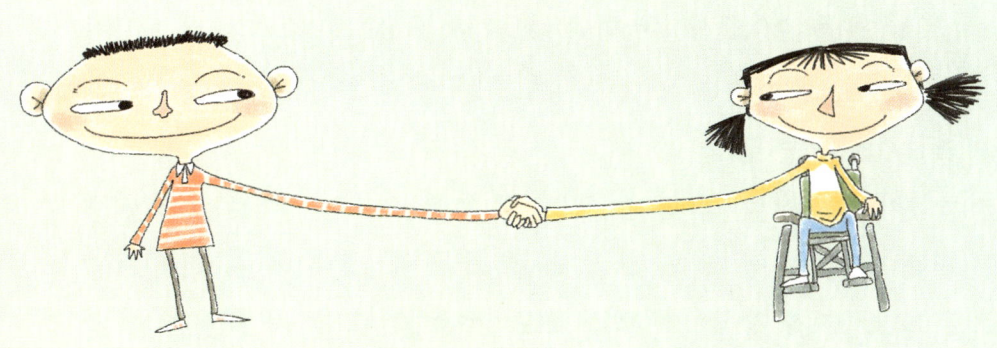

아무것도 보이지 않는 꿈

"엄마, 나 꿈을 꿨어요."

"꿈……?"

"네. 온통 깜깜했지만 바람이 나뭇가지를 흔드는 소리와 새가 지저귀는 소리, 그리고 여러 가지 악기 소리, 내가 부르는 노랫소리가 아름답게 들려왔어요."

현아의 꿈속에는 그림이 없습니다. 현아는 오직 소리로만 꿈을 꾸거든요.

현아는 시각 장애인입니다. 그래서 현아는 지금까지 눈으로 본 것이 아무것도 없습니다. 옆에서 손을 잡아 주는 엄마의 얼굴도, 현아의 뒤에서 묵묵히 지켜 주는 아빠의 모습도 알지 못합니다. 눈으로 본 것이 없으니 현아의 꿈속은 언제나 검은 도화지 같습니다. 그래도 엄마, 아빠는 포기하지 않았습니다. 오히려 다른 부모들보다 더 열심히 뒷바라지를 해야겠다고 다짐했지요.

하지만 쉬운 일만은 아니었어요. 다른 아이들이 집 근처 유치원에 다닐 때 현아와 엄마는 광명시에서 서울에 있는 맹인 복지관까지 가기 위해 몇 시간을 버스에서 시달려야 했습니다. 현아를 받아줄 수 있는 유치원이 없었기 때문이지요. 현아네 가족은 결국, 현아를 위해 복지관 근처로 이사를 가야 했습니다.

현아는 비장애인이었다면 겪지 않았을 일도 많이 경험했습니다. 길을 가던 아주머니가 '불쌍하다'며 동전을 쥐어 준 적도 있고, 겨우 사귄 친구와 헤어진 적도 있습니다. 그 친구 부모님이 장애인과 사귀지 말라며 억지로 떼어 놓았기 때문입니다. 하지만 현아는 밝게 자랐습니다. 현아 곁에는 늘 '소리'라는 친구가 있었거든요.

음악을 좋아하던 현아에게 어느 날 피아노 학원 선생님께서 말씀하셨습니다.

"현아는 정말 노래를 잘하는구나. 목소리가 맑고 곱네. 노래 공부를 해 보는 게 어떨까?"

그때부터 현아에겐 음악이 전부가 되었습니다. 성악을 배우고 다시 국악을 시작했습니다. '소리'를 하다 보면 시간이 어떻게 가는 줄 몰랐습니다.

그렇게 열심히 한 덕에 1998년, 시조 가사 가곡 경창 대회에서 현아가 초등부 1위를 차지했어요. 그 후로도 여러 대회에서 상을 받았지요. 그러나 현아에게는 넘지 못할 벽이 있었습니다. 국악을 공부할 수 있는 학교에 들어가고 싶었지만 그 학교는 장애인을 받아들이지 않았거든요. 결국 현아는 맹학교에 다닐 수밖에 없었습니다. 그러나 '소리' 공부를 그만둔 것은 아니었어요. 현아의 능력과 열정을 인정한 선생님들이 현아의 공부를 도와주셨습니다.

　우리나라에는 점자로 된 국악 악보가 거의 없습니다. 그래서 시각 장애인인 현아는 '소리'를 배우기 위해 녹음기를 이용했습니다. 선생님이 부르시는 걸 녹음했다가 듣고 따라 불렀습니다. 가사와 장단, 작은 꺾임 하나도 놓치지 않도록 집중하면서 말이에요. 완벽하게 자기 것으로 만들 때까지, 현아의 연습은 멈추지 않았습니다. 잠자는 시간마저 아까웠습니다.

　현아는 학교에도 잘 적응했습니다. 친구도 사귀고 선생님도 현아를 귀여워하셨어요. 그러나 고등학교에 가면서 현아에겐 고민이 생겼습니다. 맹학교의 중학교 과정은 일반 학교와 별다를 게 없었지만 고등학교는 달랐거든요. 장애인 고등학교는 직업 기술 위주로 교육 과정이 짜여 있습니다. 장애인은 대학에 진학하기도 힘들뿐더러 설사 대학을 졸업한다고 해도 취업이 어렵기 때문입니다. 그래서 학생들이 혼자 살아갈 수 있도록 직업 기술을 가르치는 거지요.

　현아와 같은 시각 장애인 학생들은 수업 시간의 절반 이상을, 안마와 침을 놓는 기술을 배우는 데 보내야 했습니다. 하지만 현아가 되고 싶은 건 안마사나 침술사가 아니었어요. 현아는 '소리'를 하고 싶었습니다. 국악인이 되고 싶었습니다. 쉽지는 않았지만 현아는 자신의 꿈을 이루기 위해 노력했습니다. 방과 후엔 선생님들께 소리를 배우러 다니고, 집에 오면 잠들기 전까지 연습을 하거나 입시 공부를 했어요. 늘 잠이 부족했지만 현아는 즐거웠습니다.

　대학교에 입학하는 방법 중 하나는 '특별 전형'에 합격하는 것이에요. 각종 대회에서 상을 받거나 특별한 능력을 인정받으면 시험을 보지 않고도 대학에 입학할 수 있습니다. 현아는 제22회 동아 국악 콩쿠르 학생부 정가 부문에서 은상을 받았습니다.

하지만 현아는 밤새 울었습니다. 금상을 받아야만 특별 전형에 합격할 수 있다고 생각했거든요.

그러던 어느 날, 한 대학교에서 연락이 왔습니다. 특별한 도움은 줄 수 없지만, 비장애인과 똑같은 자격으로 입학시험을 볼 수 있게 하겠다는 것이었습니다.

현아는 장애인 특별 전형이 아니라, 자신의 실력으로 그 대학 국악과에 합격했습니다. 학교는 현아에게 4년 장학금을 지급했고, 학교 근처와 기숙사에 이르는 길에 볼록하게 올라온 점블록을 깔았습니다. 현아가 발바닥이나 지팡이의 촉감으로 길을 찾을 수 있도록 말이에요.

지금도 현아의 꿈에는 그림이 없습니다. 대신 아름다운 소리가 현아의 꿈을 가득 채우고 있습니다.

원하는 교육을 받고 싶어요!

미국의 루스벨트 대통령, 세계적인 과학자 스티븐 호킹 박사, 데이비드 블런킷 영국 내무부 장관, 미국의 작곡가 겸 가수 스티비 원더, 그리고 미국에서 장애인 정책을 결정하는 직책에 있는 강영우 박사의 공통점은 무엇일까?

이들은 모두 몸은 불편하지만 세계를 움직인 사람들이다.

제대로 교육받기 힘든 장애 아동

우리나라에서는 초등학교 6년, 중학교 3년이 의무 교육이야. 장애가 있든 없든, 누구나 중학교 과정까지는 마쳐야 하지. 그런데 장애인의 반 정도는 초등학교도 졸업하지 못했다고 해. 교육을 받지 못한 장애인이 왜 이렇게 많은 걸까?

우선 장애 아동은 일반 학교에서 교육받기가 아주 힘들단다. 장애 아동이 일반 학교에 다니려면, 장애 아동을 위한 시설이 필요한데 학교는 장애 아동을 위해 쓰는 비용을 부담스러워 해. 만약 4명의 장애 아동을 위해 엘리베이터를 설치하고 화장실을 바꿔야 한다고 하자. 그런데 그 비용으로 전교생을 위해 어학실을 만들거나 겨울에 따뜻하게 공부할 수 있도록 난방 시설을 설치할 수 있다면, 어떤 것을 선택하겠니? 아마도 대부분의 학교에서는 더 많은 학생이 혜택 받을 수 있는 쪽을 선택하려고 할 거야.

또 장애아를 가르칠 수 있도록 전문 교육을 받은 선생님이 부족한 것도 문제지. 더구나 자신의 자녀가 장애 아동과 함께 공부하는 것을 반대하는 학부모들도 있어. 이런 상황들이 장애 아동이 일반 학교에 갈 수 없게 만드는 요인이야.

특수학교에 입학해도 사정이 어렵기는 마찬가지야. 학생 수는 많은데 선생님은 부족하다 보니 학생 한 사람 한 사람에게 신경을 쓰기가 힘들지. 또 학생마다 장애 정도가 모두 달라서 수업 방법을 결정하기도 어려워. 같은 시각 장애 학생이라 해도 어떤 학생은 흐릿하게나마 사물을 볼 수 있고, 어떤 학생은 전혀 볼 수 없으니까 말이야. 이처럼 장애 아동이 교육을 받는 것은 정말 쉽지 않은 일이야.

장애 아동의 적성을 무시하는 교육

중학교까지는 장애 아동과 비장애 아동이 받는 수업 내용이 크게 다르지 않아. 하지만 고등학교에 가면 많이 달라져. 비장애 아동은 주로 대학교 진학을 위한 공부를 하고, 장애 아동은 기술을 습득하는 직업 교육을 주로 받아. 시각 장애가 있는 고등학생은 일주일에 35시간의 수업을 받는데 그 중 안마 실습 5시간, 침구 실습 4시간, 한방 수업 4시간 등 안마와 관계있는 수업만 23시간이야. 실제로 직업을 가진 장애인 중 65%가 직업 교육이 취업에 도움이 되었다고 말하고 있어.

그런데 문제는 직업 교육 과목이 다양하지 않다는 거야. 그만큼 학생들의 적성이 무시되기 쉽겠지. 현아가 자신의 꿈이나 소질과는 상관없이 안마와 침술 교육을 받아야 했던 것처럼 말이야. 대학교에 진학하고 싶어 하는 학생들도 마찬가지야. 사정이 이렇다 보니 학교에서도 대학 진학을 목표로 공부하는 학생들에게 큰 도움을 못 주고 있어. 학생 스스로 공부해야 하지.

장애의 고통은 계속된다

교육은 나중에 어떤 직업을 갖게 되는지와 관련이 있어. 하지만 장애 아동에겐 교육도, 취업도 어려운 일이야. 장애 아동이 취업 교육을 받았다고 해도 전문 기술이 아니라서 대부분 단순한 일을 하게 돼. 실제로 장애인은 간단한 기술을 사용하는 단순한 노동을 주로 하고 있지. 그래서 장애인의 월평균 소득은 비장애인의 절반 수준에 불과하단다. 똑같이 일해도 장애인은 진급을 시켜 주지 않거나 월급이 적은 경우도 있어.

장애로 인해 겪는 고통을 단순히 장애인 한 사람만의 문제로 생각해선 안 돼. 장애 때문에 교육을 제대로 받지 못하면 소득이 낮은 직업을 갖게 되거나 아예 취업을 하기 힘들어지고, 그러면 소득이 낮을 수밖에 없으니 자연히 생활은 어려워지고 장애를 극복할 치료를 받기도 힘들지. 또 결혼해서 자녀를 낳아도 자녀에게 좋은 교육을 시키기도 힘들어질 거야. 가족에게까지 장애의 고통이 이어지는 셈이지.

장애인을 위한 최소한의 노력

장애인은 살아가면서 수없이 많은 차별을 겪게 돼. 그래서 오랜 시간 장애인들은 권리를 찾기 위해 외쳐야 했어.

"우리도 인간으로서, 이 사회의 구성원으로서 당당히 살아갈 권리가 있습니다. 장애인을 차별하는 시설, 행동, 규정을 법으로 금지해야 합니다."

이런 노력과, 장애인을 바라보는 사회의 인식이 바뀌면서 2007년 '장애인 차별 금지법'이 제정되었어. 생활의 모든 부분에서 장애인을 차별하지 못하도록 정한 법이지. 장애인에게 해서는 안 되는 차별 행동이 무엇인지 조목조목 나와 있단다. 헌법에서 보장하고 있는 것처럼 장애인도 인간 존엄성과 평등, 그리고 자유를 보호받을 권리가 있다는 걸 잊으면 안 돼.

이런 행동들이 다 차별이야!

직접 차별
장애인을 장애인이 아닌 사람과 구별하여 따돌리고 불리하게 대하는 것.

간접 차별
장애인을 겉으론 평등하게 대하지만 장애가 없는 사람과 획일적인 기준을 적용해서 장애인에게 불리한 결과를 만드는 것.

차별을 부추기는 행위
글이나 영화, TV 프로그램이나 공연 등에서 장애인 차별을 부추기는 것.

정당한 편의 시설을 제공하지 않는 것
정당한 사유 없이 편의 제공을 거부하는 경우.

장애인 차별 금지법은 장애인이 차별받지 않고 살아갈 수 있는 기반을 어느 정도 마련했다고 볼 수 있어. 하지만 더 중요한 것은 장애인에 대한 편견을 없애는 일이야. 법 때문이 아니라 마음에서 우러나 서로가 서로를 존중하는 세상, 믿음과 사랑으로 살아가는 세상을 만든다면 그게 더 아름다운 일이 아닐까.

시각 장애인만 안마사가 될 수 있나요?

보건 복지 가족부에서 만든 '안마사에 관한 규칙'은 시각 장애인만 안마사가 될 자격이 있다고 정하고 있습니다. 그러자 2003년 10월, 안마사로 일하길 원하는 비시각 장애인들이 역 차별을 호소했습니다. 안마사로 일하길 원하는 비시각 장애인에게 불리한 규칙이고, 나아가 국민의 기본권에 피해를 준다는 것이 그 이유였습니다. 그들은 결국 2003년 10월, 헌법 재판소에 헌법 소원을 냈습니다. 이에 대해 헌법 재판소는 2006년 5월 25일, 이 규칙이 헌법에 어긋난다고 판결했지요.

시각 장애인들은 이 판결에 반대하는 시위를 벌였습니다. 그러자 국회는 2006년 8월, 시각 장애인만 안마사를 할 수 있다고 의료법을 개정해 시각 장애인의 손을 들어 주었지만 그 법이 헌법에 어긋난다며 비시각 장애인들은 또다시 헌법 소원을 낸 상태입니다.

시각 장애인만 안마사로 일할 수 있다는 것은 비시각 장애인이 직업을 선택할 자유권을 막는 일이다. 사람은 누구나 평등한데 장애인에게만 유리한 법을 그대로 두는 것은 비장애인에 대한 차별이다. 안마와 마사지는 결국 같은 것이다. 그런데 이미 스포츠 마사지, 발 마사지 일을 하는 비시각 장애인이 100만 명에 이른다. 우리의 직업을 빼앗지 말라.

비시각 장애인 마사지사

시각 장애인은 안마사 아니면 직업을 구하기 어렵습니다. 안마사는 시각 장애인에게 생존권이 걸린 문제지요. 평등은 같은 조건의 사람들끼리 차별하지 않는 것입니다. 장애인에게 비장애인과 똑같이 하라는 것은 간접 차별입니다.

시각 장애인 안마사

시각 장애인이건 비장애인이건
마사지를 잘하는 것이 중요한 것 아닌가요?
시각 장애인이 안마, 마사지를 더 잘한다는 말도
있지만, 난 솔직히 장애가 있는 사람에게 서비스를
받는 게 좀 미안한 마음이 들어서 불편합니다.

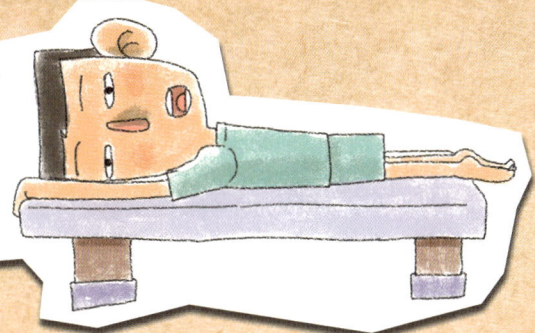

마사지 고객

대학과 학원에서 몇 년 동안 열심히 공부해서
취업을 하려고 했는데 취업은커녕
안마사 자격증을 딸 자격도 없다고 합니다.
우리도 취업을 할 권리가 있다고요.

마사지 학과 학생

능력에 따라 대우를 받아야 한다는
말은 기본적으로 옳지만 예외를 인정해야
할 때도 있는 거예요. 사회적 약자에 대한
배려가 필요합니다.

국민의 한 사람

미국의 경우 정부 건물 안에 있는 자판기, 매점,
카페테리아, 신문 가판대 등은 시각 장애인이
운영한다. 스페인은 복권 판매업을
시각 장애인이 운영하고 있다.

외국의 사례

줄리엣이 되고 싶은 로미오

성 차별과 성적 소수자

울록불록 미스터 리듬 체조

"네 팔과 곤봉이 하나라고 생각해!"

코치의 목소리가 연습장에 쩌렁쩌렁 울려 퍼졌습니다.

김응진 씨는 하루 종일 곤봉 연습을 합니다. 휙휙 돌리다 하늘 높이 던진 곤봉을 척 받아내는 순간이 짜릿합니다. 그런데 아무리 연습해도 생각처럼 잘 되지 않네요. 곤봉을 놓칠 때마다 응진 씨의 마음에는 후회가 쌓입니다.

'이게 정말 잘하는 일일까? 아무도 우릴 알아주지 않는데.'

응진 씨가 곤봉을 가지고 연습장에 나타날 때면 사람들은 이상한 눈길로 바라보곤 합니다. 오랜만에 본 친구들은 어깨를 툭 치며 묻기도 하지요.

"너, 여자들이 하는 곤봉은 왜 갖고 다니는 거냐?"

그런 말을 들을 때마다 얼굴이 붉어집니다. 하지만 응진 씨는 포기할 수 없습니다. 응진 씨를 안쓰럽게 생각하는 사람들을 볼 때면 더욱 오기가 생겼지요.

원래 응진 씨는 기계 체조의 유망주였어요. 전국 대회에서 4관왕을 차지할 정도로 실력도 뛰어났습니다. 하지만 허리에 부상을 입어 더는 기계 체조를 할 수 없었습니다. 하늘이 무너지는 것 같다는 말이 실감 났습니다. 누구도 만나고 싶지 않았고, 아무것도 하고 싶지 않았습니다.

'다 끝났어. 난 이제 아무것도 할 수 없어.'

절망에 빠져 모든 걸 포기하려던 순간 리듬 체조를 만났습니다. 처음엔 응진 씨도 남들처럼 생각했어요. 리듬 체조는 여자들만 하는 운동이라고 말입니다. 그러다 일본에는 남자 회원이 4,000명이나 된다는 이야기를 듣고 리듬 체조를 다시 생각하게 되었어요.

'단순히 여자들의 운동이라고 생각할 게 아냐. 리듬 체조는 또 다른 매력이 있어……'

하지만 생각과는 많이 달랐습니다. 링이나 곤봉, 줄을 내 몸처럼 사용해서 동작을 익히는 것도 어려웠지만 그것보다 더 힘들었던 것은 사람들의 차가운 눈길을 견디는 일이었습니다. 리듬 체조라고 하면 너 나 할 것 없이 요정처럼 아름다운 여자들을 떠올렸어요. 예쁘고 우아한 여자들이 날개라도 달린 듯 살포시 떠오르거나 뱅그르르 도는 모습만 생각했지요. 그런 사람들에게 응진 씨처럼 우락부락한 남자의 모습은 아무래도 이상해 보였을 겁니다.

다행히 응진 씨는 혼자가 아닙니다. 응진 씨 말고도 3명의 남자 선수들이 더 있었거든요. 응진 씨는 힘들 때마다 이들과 함께 마음을 굳게 먹었습니다.

"우린 길을 만드는 사람들이야. 시작은 어렵지만 우리가 만든 길로 점점 많은 사람들이 걸어가게 될 거야."

처음으로 시범 경기를 갖게 된 날, 웅진 씨는 가슴이 터질 것만 같았어요. 관중들이 나를 보고 웃으면 어떡하지? 미끄러져 곤봉을 놓치면 어떡하지?

빠르고 경쾌한 음악이 경기장을 가득 메웠습니다. 웅진 씨는 마음을 가다듬고 경기장으로 나갔습니다. 온몸이 떨렸습니다. 관중들의 시선 하나하나가 바늘처럼 꽂히는 것 같았지요. 하지만 그럴수록 음악에 집중했습니다. 그리고 어느 순간, 웅진 씨 머릿속은 음악으로 가득 찼습니다. 몸이 부드럽게 음악을 타기 시작했어요. 곤봉도 웅진 씨의 팔과 한 몸이 된 듯 느껴졌지요. 웅진 씨는 그동안 연습한 동작을 마음껏 선보였습니다.

웅진 씨의 동작이 멈추고 음악도 끝이 났을 때, 관중들은 처음 보는 남자 리듬 체조 선수의 힘차고 멋진 모습에 열광했습니다. 웅진 씨의 가슴도 뜨겁게 벅차올랐습니다. 그동안 피땀 흘려가며 노력했던 순간들이 머릿속을 스치고 지나갔어요. 경기 전에 서로 먼저 나가라며 등을 떠밀었던 웅진 씨와 친구들은 뜨거운 손을 꼭 맞잡았습니다.

김웅진 씨는 2003년 제1회 세계 남자 리듬 체조 선수권 대회에서 곤봉 부문 1위를 차지했습니다. 2005년에는 곤봉과 줄 부문에서 1위를 했지요. 하지만 많은 사람들은 여전히 이해하지 못해요. 남자가 왜 리듬 체조를 하는지 말이에요. 국제 대회가 있어도 도움을 주는 곳 하나 없고요.

언젠가 남자 리듬 체조도 올림픽 정식 종목이 되어 전 세계 사람들이 즐기는 운동이 되겠지요. 그때가 되면 응진 씨가 보여 준 용기를 칭찬하게 될 겁니다. 또, 아무도 가지 않은 길을 앞장서서 갔던 선구자로 모두의 기억 속에 남을 거예요.

여자 일, 남자 일이 따로 있지 않아요

세상에는 여러 가지 고정관념이 존재한다. 그 중 하나가 성 역할에 대한 것이다. '무슨 남자가 그리 눈물이 많아?', 또는 '여자는 다소곳한 맛이 있어야지', 이런 생각들은 옳고 그름을 떠나 우리 머릿속에 뿌리 깊게 박혀 있다. 남자 아기가 태어나면 파란색 옷을 입히고, 여자 아기가 태어나면 분홍색 옷을 입히는 것도 고정관념의 일종이다. 때로 이런 고정관념이 성 차별의 원인이 되기도 한다.

여자와 남자는 정말 다른가요?

남자와 여자는 서로 다른 신체적인 특징을 가지고 있어. 남자는 수염이 나고 여자보다 골격이 크지. 변성기를 지나면 목소리가 달라져. 반면 여자는 가슴이 나오고, 월경을 하면서 임신할 수 있는 몸으로 바뀌게 돼. 남자와 여자의 몸은 이렇게 많은 차이가 있어.

오랜 시간 동안 인류는 남자가 할 일과 여자가 할 일을 생물학적 차이로 구분해 왔어. 사회에서 남자의 역할, 여자의 역할이 서로 달랐던 거지. 그리고 정해진 역할을 하지 못하는 사람에게는 '남자답지 못하다', '여자답지 못하다'는 말이 따라붙곤 했지.

여자와 남자에 대한 고정관념

우리 사회가 가지고 있는 남자와 여자에 대한 고정관념에는 어떤 것이 있을까? 보통, 남자는 씩씩하고 활달한 성격을 가지고 있다고 생각하지. 여자는 남자에 비해 조용하고, 부드러운 성격이라고 생각해. 또 남자는 수학이나 과학 같은 이성적인 학문을 잘하고, 여자는 문학이나 언어 같은 감성적인 분야에 소질이 있다고 생각하기도 해. 이런 특징에 따라 남자와 여자가 잘할 수 있는 일도 다르다고 여겨. 남자는 머리를 많이 쓰는 일이나 남을 이끄는 일에 적합하고, 여자는 다른 사람을 보살피는 일, 감정을 다루는 일에 알맞다고 생각하지. 그럼, 남자와 여자에 대한 이런 생각들은 다른 문화권에서도 똑같을까?

파푸아 뉴기니에는 챔블리라는 부족이 있는데, 이곳 사람들은 여자가 남자보다 객관적이고 지배력이 강하기 때문에 무리를 더 잘 이끈다고 생각해. 반면에 남자들은 책임감이 적고, 아름다운 것을 추구한다고 여기지. 중국의 소수 민족 중 하나인 모수족은 여자가 한 집안을 책임지며 살아가고 있어. 생계를 위해 돈을 벌거나 중요한 일을 결정하는 것도 여자의 역할이지. 우리가 남자, 여자에 대해 갖고 있는 생각과는 사뭇 다르지? 이처럼 '남자답다' 혹은 '여자답다'고 구분 짓는 것은 우리 사회가 만들어 놓은 틀에 불과한 거야.

세상에서 가장 오래된 차별

남자와 여자는 차이가 있고, 능력이 다르기 때문에 서로 다른 일을 해야 한다는 생각이 때로 차별을 만들어 내기도 했어. 그런 차별 때문에 오랫동안 남자보다는 여자가 더 많은 희생을 해야 했지.

그럼 원시 시대에도 남녀에 차별이 있었을까? 원시 시대의 벽화를 보면 여자는 꿀을 따거나 열매를 모으고 남자는 사냥을 하고 있는 모습으로 그려져 있어. 그 당시엔 서로 하는 일에 차이가 있었을 뿐, 차별은 없었을 것으로 생각하고 있어.

　남자와 여자를 차별하기 시작한 것은 인류가 농경 사회에 접어들고부터야. 남자들은 힘을 이용해 농사를 짓고, 재산을 늘려 갔지. 또 무기를 만들어 전쟁을 하면서 자신들의 세력을 넓혀 갔어. 반면 농사를 짓기도 벅차고 외적에 맞서 싸울 힘도 없는 여자들은 남자들에게 의지할 수밖에 없었어. 자연스럽게 먹을 것과 입을 것을 구해오는 남자들이 사회의 중심이 된 거야.

　가장 먼저 민주주의 정치를 꽃피운 나라는 그리스야. 민주주의라니까 모두가 평등하게 생활했을 것 같지만 사실은 그렇지 않았어. 정치에 참여할 수 있는 사람은 성인 남자뿐이었으니까. 여자는 남자에 비해 지능이나 능력이 낮을 거라고 생각했거든.

　우리나라는 어땠을까? 고려 시대에는 여자의 지위가 남자의 지위와 별로 다르지 않았어. 여자도 부모의 재산을 똑같이 물려받고, 제사도 아들과 딸이 번갈아 지냈지. 하지만 조선 시대, 특히 조선 후기에 들어와서 여자는 남자와 확실히 구별되었어. 여자라는 이유만으로 차별을 받아야 했지. 제사를 지내거나 재산을 물려받을 수 있는 것은 아들뿐이었어. 정치에 참여할 수도 없었고, 과거도 볼 수 없었지.

　혼인을 한 여자는 가족이 보고 싶어도 꾹 참고 남편 집에서 생활해야 했어. 그리고 '칠거지악'에 속하면 맨손으로 쫓겨나야 했지. 칠거지악이 뭐냐고? 아내를 내쫓을 수 있는 일곱 가지 잘못을 말해. 예를 들어 자식을 낳지 못하거나, 질투가 심하거나, 병이 들었을 때 등이지. 지금 생각하면 말도 안 되는 일이지만 그 시절엔 그랬어.

　또, 남편이 먼저 죽어도 아내의 재혼을 허락하지 않았어. 얼마 전까지만 해도 우리나라 법에 이와 비슷한 조항이 있었지. 여자는 이혼을 하고 난 뒤 6개월이 지나야 비로소 재혼할 수 있었거든. 남자한텐 그런 규제가 없었는데 말이야.

　그럼, 다른 나라는 어떨까? 탈레반이라는 군사 세력이 아프가니스탄을 다스리고 있을 때였어. 탈레반은 여자가 교육을 받거나 일하는 것을 금지했어. 몰래 글을 배

우리 다니다가 들키면 매를 맞거나 때론 죽임을 당했지. 그리고 부르카라고 부르는, 온몸을 감싸는 옷을 입어 신체를 보이는 일이 없도록 해야 했단다. 그 외에도 많은 나라에서 여성을 차별한 사례는 그 수를 헤아릴 수 없을 만큼 많아.

여자와 남자가 진정 평등해지는 사회로

1984년 유엔에서 '여성 차별 철폐 협약'이라는 국제 협약을 만들었어. 세계 각국의 나라가 모여서 여성을 차별하지 말자고 약속한 거지. 이 협약에는 성별에 따라 다른 일을 해야 한다는 생각이 여자를 육아나 가사 노동만 하게 만든다고 밝히고 있어.

지금은 조선 시대와 같이 눈에 드러나는 성 차별 의식은 보이지 않아. 하지만 여전히 여자는 집안일을, 남자는 바깥일을 해야 한다는 생각이 강하지. 그래서 직업이 있는 여자는 직장의 일과 집안일 둘 다 잘해야 한다는 생각에 힘들어하고, 남자는 가족의 생계를 책임져야 한다는 생각 때문에 많은 부담을 느끼지.

남자와 여자의 일이 원래부터 정해진 것은 아니라고, 우리 모두가 같은 일을 할 수 있는 거라고 생각하면 어떨까? 엄마가 밖에 나가 돈을 벌어 오고, 아빠가 집안일을 할 수도 있다는 생각을 갖게 되면 리듬 체조를 하는 남자를 이상한 눈으로 보지 않게 될 테고, 선장이 된 여자를 신기하게 여기지도 않을 거야.

성 차별이 없는 사회, 진정한 양성 평등 사회를 만들기 위해서 가장 먼저 해야 되는 일은 뭘까? 남자는 이래야 되고, 여자는 저래야 된다는 고정관념을 먼저 머릿속에서 지워야 할 거야. 남자이고 여자이기 이전에 똑같은 인간이라는 것이고, 남자와 여자의 차이는 차별이 아니라 서로 존중해야 할 부분이 되는 것이지.

줄리엣이 되고 싶은 로미오

"아, 로미오. 로미오 님. 왜 당신의 이름은 로미오인가요? 제발 그 이름을 버리세요. 그렇게 못 하겠다면 저를 사랑한다고 맹세라도 해 주세요. 그러면 저도 캐풀렛의 성을 버리겠어요."

한참 줄리엣의 대사를 연습하고 있는데 쿡쿡 웃음소리가 났다. 나는 금세 얼굴이 빨개졌다. 누나다. 또 한동안 나를 놀리겠지.

누나는 요즘 내가 무슨 짓을 하는지 감시하느라 24시간이 모자란다. 그게 다 지난번에 누나 치마를 몰래 입어 보다 들켰기 때문이다. 누나는 입을 딱 벌리곤 한동안 말을 잇지 못했다. 그러고는 곧 나를 마구 놀려대기 시작했다.

"네가 하리수냐? 하리수는 예쁘기라도 하지. 인마."

엄마한테 이른다는 걸 한 달 용돈을 갖다 바치며 간신히 막았지만 그걸로 일이 끝난 건 아니다.

그 뒤로 누나는 어디 무슨 짓을 하는지 두고 보자는 눈빛으로 내 뒤를 따라다닌다. 둘이 있을 때면 "어이, 변 선생!" 하며 쿡쿡 찌르기도 한다. 변 선생이라니! 치마 좀 입어 봤다고 나를 변태 취급하는 누나가 정말 싫다.

"뭐 하냐? 혼자 북 치고 장구 치고 다 하는구나. 누나가 로미오 역할이라도 해 줄까? 어때? 한 시간 연습에 삼천 원!"

"됐어."

나는 얼른 대본을 덮고, 밖으로 뛰어나갔다.

곧 있으면 학예회가 열린다. 학예회 때는 각종 행사가 넘쳐난다. 동아리 아이들끼리 모여 작품 전시회나 연주회를 열기도 하고, 춤을 추거나 노래를 부르는 아이들도 있다.

연극반에서는 '로미오와 줄리엣'을 공연하기로 했다. 내가 연극반에 든 이유는 단 하나다. 연극에서는 내가 되고 싶은 인물은 무엇이든 될 수 있으니까. 앵무새가 될 수도 있고, 예순 살 먹은 노인이 될 수도 있고, 마법사가 될 수도 있으니까. 내가 그 무엇이 되든 뭐라고 하는 사람이 없다. 예쁜 드레스를 입고 춤을 춰도 아무도 비웃지 않는다.

하지만 그런 나의 기대를 완전히 저버리고, 이번에 주어진 역할은 로미오다.

'아, 로미오라니!'

내가 정말 하고 싶었던 역할은 줄리엣이었다. 솜뭉치를 봉긋하니 넣은 가슴에 주름 곱게 잡힌 드레스, 찰랑거리는 긴 머리카락에 수줍은 미소…….

아, 생각만 해도 가슴이 뛴다. 달빛 그윽한 창에 서서 로미오의 고백을 받는 줄리엣!

그런데 이게 뭐란 말인가. 민망한 쫄바지에 가짜 칼까지 차라고? 그 정도라면 어찌어찌 참을 수도 있겠다. 그런데 앞뒤 사정도 모르고 성급하게 죽어버려서 줄리엣까지 자살하게 만든 멍청이 역할이라니! 로미오가 될 바엔 차라리 로미오가 타고 다니는 조랑말이 낫겠다.

뭐? 정말 변 선생 아니냐고?

그래, 난 변태다. 남자 녀석이 여자 옷을 입고 싶고, 여자 역할을 맡지 못했다고 툴툴거리는 게 변태라면 난 변태가 분명하다. 그렇지만 난 여자인걸? 비록 몸은 남자로 태어났지만, 마음은 여자인걸?

누나의 분홍색 치마가 정말 탐난다. 그걸 입고 뱅그르르 돌면 하늘까지 붕 뜨는 느낌이 든다. 우리 학교 여자 애들이 깍깍거리며 좋아 죽는 전교 회장을 보면 나도 모르게 얼굴이 붉어지고 가슴이

콩닥콩닥 뛰고 만다.

맙소사! 이 일을 어쩌면 좋단 말인가. 혹시 하느님이 실수하신 건 아닐까? 나를 내려 보낼 때 깜박 졸다가 엉뚱한 몸에 영혼을 불어 넣어 주신 건 아닐까?

'그렇지요? 하느님? 그렇다고 대답해 주세요, 네?'

내일 학교에 가서 선생님께 말씀드리면 어떨까?

"전 줄리엣이 되고 싶어요. 그 누구보다 완벽하게 줄리엣을 연기할 수 있어요."

그리고 멋지게 줄리엣 대사를 읊어 주는 거다.

"선생님! 오, 선생님. 선생님은 왜 제게 로미오 역할을 맡기신 건가요? 제발 그 편견을 버리세요. 그렇게 못 하시겠다면 차라리 조랑말이라도 시켜 주세요. 그러면 저도 줄리엣에 대한 꿈을 버리겠어요."

윽, 선생님의 어이없어 하시는 표정이 떠오른다. 배꼽이 빠져라 웃어대는 아이들도…….

난, 줄리엣의 멋진 대사만큼이나 멋지게 왕따를 당하겠지. 그러나 나는 알고 있다. 줄리엣은 사랑을 위해 모든 것을 버렸고, 죽을 줄 알면서도 독약을 마셨다는 것을.

그래 좋아! 나도 용기를 내 보는 거다.

"오! 줄리엣, 내가 줄리엣이 될 수만 있다면 높은 성벽에서도 뛰어 내리고, 도둑 소굴에도 들어가고, 우글거리는 뱀 사이에 숨을 수도 있어요!"

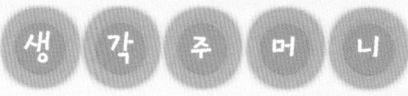

성적 소수자, 함께 살아가고 있어요!

1998년 미국의 한 젊은이가 동성애자라는 이유로 살해를 당했다. 2000년에는 홍석천이란 배우가 우리 앞에서 사라졌다. 텔레비전에 출연해 자신이 동성애자임을 밝히면서부터다. 우리 사회에서 "나는 동성애자입니다.", "나는 트랜스젠더입니다."라고 당당히 밝히는 사람은 많지 않다. 사실을 밝히고 난 뒤 그들을 바라보는 차가운 시선과 알게 모르게 행해지는 차별이 너무나 두렵기 때문이다.

성적 소수자, 누구를 부르는 말일까?

세상엔 남자와 여자, 이렇게 두 개의 성만 존재한다는 생각이 지배적이야. 남자는 여자를 사랑하고, 여자는 남자를 사랑하는 것이 당연하다고 생각하지. 그런데 이 세상에는 남자를 사랑하는 남자도 있고, 여자를 사랑하는 여자도 있어. 또 남자의 몸으로 태어났지만 자신을 여자라고 생각하거나, 여자의 몸으로 태어났지만 남자가 되고 싶어 하는 사람도 있지. 그런 사람들을 바로 '성적 소수자'라고 부른단다.

성적 소수자를 가리키는 말들	
호모	동성애를 뜻하는 말에서 나온 용어지만 동성애자를 경멸하는 의미로 쓰인다.
게이	'쾌활한', '명랑한' 이라는 뜻을 가지고 있으며 남자 동성애자를 부르는 말이다.
레즈비언	고대 그리스의 여자 시인 사포가 살았던 레스보스 섬에서 유래한 말로, 여자 동성애자를 가리키는 말이다. 사포는 같은 여자에 대한 사랑을 표현하는 시를 많이 남겼다.
트랜스젠더	타고난 생물학적인 성과 반대되는 성 정체성을 가진 사람을 말한다.

동성애자에 대한 차별

동성애는 언제부터 시작된 걸까? 최근 논의가 활발해져서 마치 요즘의 일로 생각하지만, 동성애는 인류의 역사가 시작될 때부터 존재했단다. 고대 중국이나 일본, 우리나라의 역사에서도 동성애에 대한 기록을 찾아볼 수 있어. 또 고대 그리스에서는 동성애를 가장 고귀한 사랑이라고 생각하기도 했지. 여자는 남자보다 지능이나 능력이 낮다고 믿었기 때문에 같은 남자와의 사랑을 더 아름답게 본 거야.

하지만 동성애는 사회의 인정을 받지 못하고, 차별과 탄압을 받아 왔어. 동성애의 역사를 차별의 역사라고 불러도 좋을 정도야. 또 많은 나라들이 동성애를 법으로 금지해 왔단다. 동성애자들이 병이나 가뭄 같은 재앙을 불러온다고 생각했기 때문에 동성애자인 것이 밝혀지면 사형당하거나 먼 나라로 쫓겨나야 했어.

제2차세계대전 중에 히틀러는 몇 만 명이나 되는 동성애자를 감옥에 가두고, 힘든 일을 시키거나 인체 실험을 하기도 했단다. 이렇게 억울한 일을 당했지만 전쟁이 끝나고 나서도 동성애자라는 이유 때문에 보상을 받을 수 없었지. 의학계에서도 동성애를 뇌에 문제가 있기 때문에 생기는 병으로 보고, 치료를 받아야 한다고 주장할 정도였어.

트랜스젠더의 괴로움

우리는 보통 아기가 태어나면 남자인지 여자인지부터 확인하고 싶어 해. 그런데 이렇게 타고난 성을 거부하는 사람들이 있어. 바로 트랜스젠더야.

우리나라에 트랜스젠더가 널리 알려지게 된 건 하리수라는 연예인 때문이야. 하리수는 남자의 몸으로 태어났지만 자신을 여자라고 생각했고, 결국 성전환 수술을 통해 여자의 몸을 갖게 되었어. 이제는 법적으로도 남자가 아니라 완전한 여자로 인정받았지.

남성 트랜스젠더는 몸과 정신이 일치하지 않기 때문에 많은 괴로움을 겪게 돼.

스스로를 여자라고 생각하는데, 남자 학교에 다녀야 하고 군대에도 가야 하니까. 친구들 사이에서는 여자처럼 군다며 따돌림을 당하기도 해. 그래서 많은 트랜스젠더들이 일찍 학교 공부를 포기하고 있어. 결국 단순한 일을 하거나, 유흥업소에 종사하게 되지.

사람들은 남자와 여자, 어디에도 속하지 않는 그들을 비정상이라고 생각하며 설 자리를 주지 않아. 그래서 트랜스젠더들은 성전환 수술을 통해 정신에 맞는 몸을 갖기를 바라지. 그러나 병원을 찾아가도 쉽게 수술을 할 수 있는 게 아니야. 의사들은 수술 전에 먼저 정신과 치료를 권해. 또 수술 비용도 많이 들고, 수술 과정 또한 자칫하면 목숨을 잃을 만큼 위험하단다.

왜 성적 소수자를 인정하지 않을까?

오랜 세월 동안 사회는 성적 소수자를 인정하지 않고 차별하며 괴롭혀 왔어. 그 이유가 뭘까?

먼저 동성애 차별은 종교나 정치와 많은 관계를 가지고 있어. 기독교나 이슬람교 같은 종교에서는 동성애가 신과 자연의 섭리를 어기는 죄라고 생각한단다. 그래서 종교의 권위를 지키기 위해 동성애자들을 몰아내려 했지.

정치가들은 나라에 위기가 닥칠 때 동성애자들을 이용했어. 나쁜 병이 퍼지거나 가뭄 같은 자연재해가 생길 때면 동성애자들을 찾아내 처벌했어. 사람들의 관심을 다른 데로 돌리기 위해서였지. 때로는 마음에 들지 않는 정치가를 내쫓기 위해 동성애자라는 누명을 씌우기도 했단다.

동성애자들이 가족 제도를 위험에 빠뜨린다고 생각하는 사람들도 있어. 가족이란 여자와 남자가 만나 자식을 낳고 사회를 유지하는 중요한 집단인데, 동성애자들은 자식을 낳을 수 없으니까 말이야.

밖으로 나온 성적 소수자들

1969년 6월 27일 미국의 '스톤월 인'이라는 게이바에서 사람들이 모여 춤을 추고 있었어. 그때 경찰들이 들이닥쳐 마구잡이로 그들을 잡아가기 시작했어. 동성애자라는 사실만으로도 맞거나 끌려가던 때였지. 그런데 그날은 조금 달랐어. 그들은 쉽게 끌려가지 않고 저항하기 시작했어. 동성애자라는 이유 때문에 부당한 대우를 받고 싶지 않았던 거야. 이것이 동성애자 투쟁의 시작이 된 '스톤월 항쟁'이야.

동성애자를 비롯해서 성적 소수자들은 자신의 성 정체성을 될 수 있으면 밝히지 않았어. 밝히는 그 순간 친구, 가족, 직장, 국가로부터 차별이 시작되니까. 동성애자이기 때문에, 트랜스젠더이기 때문에 직장에서 해고를 당해도, 누군가에게 맞아도 억울하다 말할 곳이 없었지.

그래서 성적 소수자들은 그들만의 투쟁을 시작하게 된 거야. 단지 성 정체성이 다를 뿐인데 그게 차별과 탄압의 이유가 될 수는 없다, 한 사회를 살아가는 인간으로서 똑같은 권리를 누릴 수 있다고 생각했어.

이런 노력 끝에 1994년, 남아프리카 공화국에서 세계 최초로 성적 소수자에 대한 차별 금지 조항을 헌법에 적용했어. 또 덴마크와 네덜란드에서는 동성애자들의 결혼을 인정하고 있지. 하지만 여전히 세계 70여 개의 나라에서 동성애는 불법이고, 심지어 사형에 처하는 나라도 있어. 우리나라도 아직 성적 소수자를 차별하지 못하도록 규정해 놓은 법은 없단다.

한번 생각해 보렴. 성적 소수자는 엄연히 우리와 함께 지금 이 사회에서 살아가고 있는 사람들이야. 그들의 성 정체성을 이해할 수 없다고 해서 그들을 차별하는 게 정당한 일일까? 아니면 성 정체성이 다름에도 불구하고 똑같이 인간으로서의 권리를 누리는 것이 정당한 일일까?

동성애자의 결혼, 법으로 인정할 수 있을까?

2008년 미국 캘리포니아 주에서 동성애자 결혼식이 열렸습니다. 라이온과 마틴은 50년 동안 함께 살아온 동성애자 커플입니다. 오랫동안 부부처럼 살아왔지만 법적으로 인정을 받지는 못했습니다. 그런데 캘리포니아 대법원이 동성애자 결혼 금지 조항이 무효라는 판결을 내렸기 때문에 드디어 당당히 결혼식을 올리고, 법적인 부부가 될 수 있었습니다.

동성애는 신의 뜻에 어긋나는 죄악입니다. 당연히 동성애자의 결혼은 인정할 수 없어요!

종교인

결혼은 남녀가 만나서 하는 신성한 의식이야. 남자와 남자, 여자와 여자가 결혼을 하다니 말이 되나? 동성애는 자연의 법칙에 어긋나는 거야. 결혼이라는 것 자체를 할 수가 없어.

노인

동성애자들은 자식을 낳지 못해요. 그러니 가족을 이루는 의미가 없지요. 가족의 역할이 뭡니까? 아이를 낳아 우리 사회의 구성원을 만들어내는 거라고요. 가족이 아닌데 어떻게 법적인 권리를 주장합니까?

일반인 1

캘리포니아 주는 매사추세츠 주에 이어 두 번째로 동성애자 결혼을 인정한 주입니다. 앞으로 미국 내 다른 주에도 많은 영향을 줄 것으로 생각합니다.

미국에서는 지금 동성애자의 결혼에 대한 찬성과 반대의 입장이 팽팽히 맞서고 있습니다. 여러분은 동성애자의 결혼에 대해 어떤 생각을 가지고 있나요?

동성애자 부부는 법이 인정해 주지 않기 때문에 아무런 권리도 가질 수 없습니다. 어느 한쪽이 죽어도 상대방의 유산을 받을 수가 없습니다. 부부로 인정받지 못했기 때문이지요.

동 성애자 1

동성애자는 신이 인간을 만들었을 때부터 존재했습니다. 동성애가 잘못된 것이라면 왜 이렇게 오랫동안 없어지지 않고 있는 것입니까?

동 성애자 2

덴마크, 캐나다, 네덜란드 같은 나라에서는 동성애자의 결혼을 인정하고 있어요. 우리나라도 이제는 성적 취향이 다른 사람들을 인정해야 돼요.

일반인 2

모든 가족은 다 행복한 걸까?

소중한 가족

나에겐 아무 말도 하지 않고
지연이가 전학을 갔다.
우린 서로 비밀도 없고, 친하다고 믿었는데…….
어른들이 하는 이야기를 들으니
지연이네 엄마와 아빠가 이혼했다고 한다.
서로 지연이를 키우지 않겠다고 다투었다니
이해할 수 없다.
앞으로 지연이는 어떻게 되는 걸까?
지금은 누구와 살고 있는지, 잘 살고 있는지
궁금하고 걱정된다.

우리 가족의 일기

엄마의 일기

남편은 집안 문제나 채원이 일로 얘기를 시작하면 결국 큰소리로 화를 낸다. 요즘엔 물건을 던지기도 한다. 그때마다 두려운 마음이 든다. 상냥하고 성실한 사람이었는데 왜 이렇게 변했을까. 늘 재잘거리던 채원이마저 나와 이야기하는 걸 꺼린다. 혼자가 된 느낌이다.

어렸을 때 내 꿈은 대학 교수가 되는 거였다. 하지만 결혼을 하고 채원이를 낳아 키우는 동안 착한 아내와 좋은 엄마 역할에만 충실해야 했다. 아이를 돌보고 살림을 하다 보면 좀처럼 나를 위한 시간이 나지 않았다. 다시 공부를 시작한 건 채원이가 학교에 입학하고 난 후였다. 집안일과 공부를 함께 한다는 건 생각보다 힘들었다. 그럴수록 더 열심히 살아야 했다. 그 보답이었는지 지방 대학의 강사 자리를 얻을 수 있었다.

하지만 나는 꿈을 포기하고 학습지 교사 일을 시작해야 했다. 시간

강사 수입으로는 도무지 생활할 수 없었기 때문이다. 시간에 쫓겨 아이들을 방문하느라 정신없고, 학부모들의 눈치 속에서 하루가 어떻게 가는지 모를 지경이다. 그렇게 다리가 붓도록 돌아다녀도 생활비조차 해결하기 힘들다. 남편의 사업 때문에 빌린 돈도 갚아야 하고, 병원비도 내야 하는데…….

지쳐서 집에 돌아와도 반겨 주는 사람이 없다. 채원이는 인사는커녕 방에 틀어박혀 나올 생각도 하지 않고, 남편은 술에 취한 채 거실 소파에 잠들어 있다. 소파 옆에는 빈 소주병만 뒹굴고, 먹다 남긴 음식물 찌꺼기와 설거지 거리들만 나를 기다린다.

하루하루가 힘들다. 이젠 정말 지쳤다. 새로운 생활을 시작하고 싶다.

아빠의 일기

가족들을 대하는 게 점점 서먹서먹해진다.

채원이는 학교에서 돌아오자마자 방에 들어가 나오지 않는다. 학교생활이나 친구에 대해 물어도 아빠는 상관하지 말라며 쏘아붙일 뿐이다.

아내의 잔소리도 점점 심해진다. 어제는 일에 지쳐 돌아온 사람에게 설거지까지 시키느냐면서 화를 냈다. 사고로 몸을 제대로 쓰지 못

한다는 걸 잘 알면서 그런 소리를 하다니……. 돈을 못 버는 무능한 남편, 청소조차 할 줄 모르는 남편. 아내에게 나는 단지 그런 사람일까.

정리 해고된 후 저축한 돈과 퇴직금을 모아 분식집을 차렸을 때다. 중·고등학교 근처라 처음엔 학생들이 줄을 서서 기다릴 정도로 장사가 잘됐다. 자신을 얻은 나는 은행에서 대출을 받아 가게를 넓혔고 모든 것이 순조로워 보였다. 그런데 근처에 패스트푸드점이 들어오면서부터 사정이 달라졌다. 아이들의 입맛은 변덕스러웠고, 그 변덕만큼 손님이 급격하게 줄었다.

다시 직장을 구해야 하나 생각하던 중에 뺑소니 사고를 당했다. 병원비 때문에 또 큰 빚을 졌고, 결국 가게를 정리할 수밖에 없었다. 아내가 방문 교사 일을 시작한 건 그 무렵이었다. 퇴원 후에도 취업은 쉽지 않았다. 나이는 많은데 변변한 기술은 없었다. 더구나 몸까지 불편한 나를 받아 줄 곳은 세상 어디에도 없는 것 같았다.

다른 아빠들처럼 딸에게 맛있는 것도 사 주고 싶고, 예쁜 옷도 입히고 싶다. 아내가 꿈을 펼칠 수 있도록 뒷받침해 주고도 싶다. 하지만 난 못난 아빠, 무능한 남편일 뿐이다. 아빠라는 자리가, 남편이라는 자리가 꼭 돈을 버는 일로 평가받아야 하는가. 가족의 도움이 필요할 때, 딸인 너는, 아내인 당신은 내게 무엇을 해 주었는가 묻고 싶다.

채원이의 일기

　엄마는 아빠가 첫사랑이라고 했다. 9년 동안 열렬한 연애를 하고 결혼했단다. 엄마는 아빠를 만나서 행복하고, 나를 낳아서 행복하다고 했다.
　아빠는 직장 일이 아무리 바빠도 일요일이면 엄마와 나를 위해 요리를 할 만큼 다정한 분이었다. 나도 가끔 아빠 옆에서 설거지를 도와드리기도 했다. 키가 큰 아빠 옆에 서서 설거지하는 게 좋았다. 나중에 크면 아빠 같은 사람한테 시집가야지 그런 생각도 했다.
　그때, 나는 행복했을까? 아마 그랬던 것 같다.
　그래, 그런 때가 우리 집에도 있었다.

　우리 집이 달라진 건 아빠가 하던 분식집이 문을 닫으면서부터다.
　그 후, 아빠가 하는 일이라고는 낮부터 술을 마시거나 담배를 피우거나 한숨을 쉬는 일뿐이다. 그런 아빠가 보기 싫어 웬만하면 방에서 나가지 않는다. 엄마와 아빠가 다투는 날도 많아졌다. 그럴 때면 방문을 잠그고 이불을 뒤집어쓴 채 MP3를 듣는다. 엄마와 아빠의 목소리가 커질수록 내 MP3의 볼륨도 함께 높아진다.
　눈물? 아니, 난 울지 않는다. 그냥 이런 상황이 너무 싫을 뿐이다.
　아빠는 술에 취하면 아빠를 이해해 달라고 말한다. 그럼 아빠는 나를 이해하고 있을까?

엄마는 얼마 전부터 대학 강사를 그만 두고, 학습지 선생님을 한다. 대학에서 강의하는 것으로는 우리 가족 생활비를 감당하지 못하기 때문이란다. 엄마가 웃는 모습을 본 게 언제였는지 기억도 나지 않는다. 밤늦게 들어오면 짜증부터 내는 엄마……. 학교에서 무슨 일이 있었는지, 내가 어떤 고민을 하는지 궁금하지도 않은 것 같다.

그리고 늘 똑같은 말…….

"채원아, 엄만 너 때문에 산다. 남자한테 의지하지 말고 능력 있는 여자가 돼야 해. 넌 나처럼 살지 마. 알았지?"

"엄마, 나도 엄마처럼 살고 싶지 않아. 내가 원하는 건 공부를 잘해서 능력 있는 여자가 되는 게 아니야. 예전처럼 우리 가족이 밝게 웃고 행복하게 지냈으면 하는 것뿐이라고!"

크게 외치고 싶지만 그저 속으로 삼킬 뿐이다.

엄마도, 아빠처럼 나를 알지 못해…….

차라리 엄마와 아빠가 이혼하면 어떨까? 그럼 이렇게 서로 상처를 주지 않아도 될 텐데. 만약 두 분이 헤어지면 난 누구와 살아야 할까. 엄마? 아빠? 모르겠다. 누구와도 살고 싶지 않아…….

그런데 정말 엄마와 아빠가 이혼하면 어떻게 하지? 지연이라도 곁에 있다면 같이 의논할 수 있을 텐데……. 지연이는 뭘 하고 있을까? 지연이도 나와 같은 고민을 했을까? 엄마와 아빠의 이혼에 대해 내게 말하고 싶었을까?

엄마가 집에 돌아왔다.

또 싸우는 소리.

나는 MP3의 볼륨을 높인다.

가족의 규칙은 사랑과 믿음

'人(사람 인)'은 사람을 뜻하는 한자다. 이 글자는 사람과 사람이 서로 기대 서 있는 모습을 형상화한 것으로, 사람은 서로 의지하며 함께 살아가야 한다는 의미를 담고 있다.

매우 특별한 집단, 가족

사람들이 모여서 살아가는 집단은 여러 모습을 띠고 있어. 친구나 가족처럼 친밀하고 작은 구성체도 있고, 학교나 회사, 국가처럼 많은 사람들이 모여 구성원을 이루는 큰 집단도 있지. 우리는 보통 이런 여러 집단 속에 동시에 속하게 돼. 가족의 한 사람으로, 학생의 한 사람으로, 또 국민의 한 사람으로 살아가지.

그런 집단들 중에 가장 기본이 되면서도 매우 특별한 결속력을 갖고 있는 것이 바로 '가족'이야. '매일 보는 식구들이 뭐가 특별해?' 이렇게 생각할지도 몰라. 엄마는 만날 잔소리만 하지, 동생은 떼만 쓰지, 가끔은 나 혼자 살았으면 좋겠다고 생각될 때도 있을 거야.

만약 혼자 살면 가족과 나의 관계는 끊어지는 걸까? 그렇지 않아. 전학을 가거나 이민을 가면 자신이 속한 학교나 국가는 바뀌게 되지만, 결혼을 해서 분가를 하거나 유학을 떠난다고 해도 서로가 한 가족이라는 사실은 변하지 않지. 이처럼 가족은 한번 맺어지면 영원히 그 관계를 유지하는 거야. 그럼 가족은 서로 어떤 영향을 끼칠까?

달리기를 하다가 넘어졌을 때, 여러 친구에게 따돌림을 당했을 때, 커다란 개가 쫓아올 때, 가장 먼저 생각나는 사람이 누구지?

경험이나 관계에 따라 다르겠지만 아마 대부분의 친구들은 엄마나 아빠, 그리고 형이나 언니를 먼저 떠올리게 될 거야. 그건 가족이 서로를 믿고 의지하며 편히 쉴 수 있는 마음의 안식처이기 때문이야. 이렇듯 가족은 한 구성원을 이루며 사랑과 믿음을 배우면서 생활하게 되고, 서로 절대적인 영향을 끼치고 있어. 또 부모님을 통해 생활 습관이나 예의범절을 익히기도 하지.

큰 상처를 남기는 가정 폭력

모든 집단에는 이런저런 문제가 생길 수 있어. 가족도 마찬가지야. 그 중에서 가장 큰 문제는 가족 사이에서 일어나는 폭력이야. 주먹이나 발로 폭력을 쓰는 경우는 말할 필요도 없겠지만 서로를 무시하거나 마음에 상처를 주는 일도 매우 심각한 폭력이 되지.

부부끼리 폭력을 쓰는 사람이나, 자녀를 학대해서 몸과 마음에 큰 상처를 주는 부모, 늙은 부모를 공경하지 않는 자녀는 정말 지혜롭지 못한 사람들이야. 특히 이런 행동들은 가까운 사람 사이에서 일어나는 폭력이라 더 큰 문제를 안고 있어.

부모가 싸울 때 아이들은 불안해지고 자신감도 잃게 돼. 또한 '공부'만 강요해서 자녀에게 심한 스트레스를 주는 것도 아이들을 힘들게 하지. 그런데 부모만 자녀에게 상처를 주는 것은 아니야. 세대 차이가 난다며 부모님을 무시하거나 방문을 걸어 잠그고 대화를 거부할 때, 부모님들도 마음에 상처를 받게 돼.

가정 폭력을 경험한 자녀는 폭력을 당연한 것처럼 받아들이게 돼서 다른 사람에게 폭력을 사용하기 쉽다고 해. 상대방의 말을 제대로 듣거나 자기 의견을 차근차근 말하지 못하고 폭력을 써서 상대방을 이기려고만 드는 거지. 이렇듯 가정 폭력 문제는 자녀의 성격과 삶의 방식에 많은 영향을 끼치는 동시에 가족 사이의 신뢰도 무너뜨리게 돼.

가족 사이의 규칙, 사랑과 믿음

가족에게 폭력을 쓰는 사람은 가족 사이에도 규칙이 있다는 것을 모르는 사람이야. 모든 집단에는 정해진 규칙이나, 상식적으로 지켜야 한다고 믿는 규범이 있어. 예를 들어 학교에서 친구를 때렸다거나 학교 담을 넘다 걸렸다고 생각해 보자. 눈물이 쏙 빠지도록 선생님께 혼이 나고 그 벌로 화장실 청소를 하게 될지도 몰라. 불법 주차를 하거나 속도를 위반하면 벌금을 내야 하지. 이처럼 학교에는 교칙이란 것이 있고, 국가에는 법이란 것이 있어. 이런 것들이 바로 규칙에 해당하는 거야.

가족 사이에도 규칙이 있단다. 단지 이 규칙은 다른 집단의 규칙과 성격이 많이 다를 뿐이야. 바로 '사랑'과 '믿음'이라는 규칙이니까. 그런데 사랑과 믿음에는 강제성이 없기 때문에 규칙이라고 생각하지 않는 경향이 있어. 밖에서는 예의 바르고 공손하게 사람들을 대하면서도 집에 들어와서는 함부로 행동하는 사람들은 가족 사이의 규칙에 대해 잘 모르는 사람들이야. 만약 엄마에게 하듯 선생님께도 "잔소리 좀 그만 해!"라고 소리칠 수 있을까?

가족 문제는 스스로 해결하기 어려운 경우도 많다

사랑과 믿음만으로는 해결할 수 없는 가족 문제도 있단다. 그럴 땐 어떻게 해야 할까?

많은 사람들이 남의 가족 문제에 참견하는 건 실례라고 생각해. 그래서 관심을 가지지 않거나 적극적으로 돕지 않아. 또 창피하다고 여겨서 가족의 문제를 숨기려는 경향 때문에 시간이 흐를수록 심각한 지경에 이르기 쉽지. 가족 스스로 해결하기 어려워질 때까지 말이야. 그래서 자신이 감당하기 힘겨운 가족 문제는 각종 사회단체나 기관의 도움을 받아 함께 문제를 해결해 나갈 필요가 있단다.

대표적인 곳이 '가정 폭력 피해자 보호 시설(쉼터)'이라는 곳이야. 이곳은 가정 폭력을 입은 사람들이 폭력을 피해 새로운 삶을 시작할 수 있도록 편의를 제공하는 생활 공동체란다. 또한 '중앙 아동 보호 전문 기관'에서는 아동 학대를 예방하기 위해 부모에게 자녀를 바르게 대하는 방법을 교육하고, 이미 학대를 받은 자녀를 부모로부터 보호해 주기도 하지. 도움이 필요하다면, 아무 때나 1577-1391로 전화만 하면 돼. 가족의 문제는 개개인의 문제로 발생하는 것도 아니고 그들 가족만의 문제도 아니야. 어떤 문제가 생기면 어려워 말고 전문 기관의 도움을 받아 해결해야 돼.

가족은 무조건 소중하게 지켜야 하는 걸까?

가족 문제를 해결하기 위해 많은 노력을 했지만 부득이 이혼을 하거나 가족과 헤어져서 살아가는 경우도 많이 있어. 가족 안에서 행복을 찾을 수 없다면 새로운 변화를 찾아 떠나야 한다고 생각하는 경우지. 반면, 가족이란 특별하고 소중하기 때문에 아무리 힘들고 불행하더라도 끝까지 지켜내야 한다고 생각하는 사람들도 있어.

어느 쪽 의견이 더 옳다고 말할 수는 없을 거야. 하지만 변하지 않는 사실은 가족이란 서로 믿고 의지하는 안정된 보금자리이고, 서로가 행복할 수 있도록 배려하는 관계라는 거야.

우리 가족이 소중한 만큼 다른 가족 또한 소중하다는 사실도 잊어서는 안 돼. 우리 가족만 행복하면 다른 가족이야 어찌 되든 상관없다거나, 다른 가족에게 피해를 주어도 된다는 '가족 이기주의'는 언젠가는 우리 가족에게 되돌아와서 피해를 줄 부메랑 같은 거니까.

조금 다른 가족

- 메일이 삭제되었습니다.
- 메일이 삭제되었습니다.

지연이는 메일을 하나씩 지워 나갔다.
"야, 이지연, 너 어디 간 거야?"
"지연아, 보고 싶다!"
메일을 지울 때마다 지연이를 찾는 친구들의 이름도 하나씩 사라졌다. 대신 가슴속에 꾹꾹 눌러두었던 그리움이 얼굴을 내밀었다.
'채원아, 성우야, 나도 보고 싶어.'
'엄마, 아빠……'
눈물이 흘렀다. 약해지긴 싫은데, 눈물을 들키는 것도 싫은데……. 베개에 얼굴을 파묻었다. 곰팡이 냄새가 싸하게 코끝을 찔렀다. 퀴퀴하고 매캐한 냄새. 거기에 비릿한 눈물 냄새까지 섞여 가슴이 먹먹해졌다.

부산으로 전학을 온 지 한 달이 지났다. 아무에게도 말하지 않고, 도둑고양이처럼 살그머니 이곳으로 내려왔다. 친하게 지내던 채원이나 성우가 마음에 걸렸지만 하는 수 없었다. 엄마, 아빠가 이혼해서 할머니와 함께 살게 됐다고 말하기는 싫었다. 그렇다고 홀가분한 것도 아니었다. 친구들을 생각할 때마다 마음이 복잡해졌다. 미안하기도 하고, 친구들은 모두 행복한데 왜 나만 이런 일을 겪어야 하는지 안타깝기도 했다. 그리고 무엇보다 엄마, 아빠가 원망스러웠다.

"지연아, 엄마 아빠 이해하지? 아빠가 자리 잡으면 곧 데리러 올게."

아빠의 눈에 눈물이 글썽거렸지만, 지연이는 눈도 마주치지 않았다. 아빠는 지연이의 손을 두어 번 토닥거리곤 기차역으로 걸음을 옮겼다. 그제야 지연인 고개를 들어 아빠를 쳐다봤다. 아빠의 어깨가 물먹은 솜처럼 축 처져 있었다.

아빠와 헤어지고 할머니를 따라 낯선 골목길을 걸어갔다.

'이제 우리 가족은 끝이야. 다신 만날 수 없을 거야. 난 버려진 거야.'

이런 생각들이 머릿속을 윙윙 떠다녔다.

지연이가 할머니를 본 건 몇 번 되지 않았다. 지연이가 초등학교에 들어간 뒤로는 명절에도 고향에 내려가지 못했다. 아빠는 밤늦게까지 일을 해야 했다. 잠자는 시간만 빼고, 택시 운전하는 일로 하루를 다 보내는 것 같았다. 그런데도 늘 가난한 게 이상했다. 엄마 아빠가 자주 싸운 것도 어쩌면 가난 때문이었을지 모른다.

지연이는 할머니가 낯선 사람처럼 느껴졌다. 할머니도 몇 년 만에 본 손녀가 어색한지 집으로 가는 동안 한 번도 고개를 돌리지 않았다.

"이지연, 니 선생님이 오라신다."
반장이 퉁명스럽게 말했다.
지연이는 전학 온 뒤 거의 말을 하지 않았다. 부산 말이 낯설어 알아듣기 힘든 점도 있었지만, 그보다는 친구를 사귀는 게 부담스러웠기 때문이다. 친해진답시고 이것저것 캐물을 게 뻔하니 말이다. 차라리 입을 다물고 있는 편이 좋았다. 덕분에 지연인 '서울깍쟁이'라는 별명을 얻게 되었다. 몇몇 아이들은 노골적으로 지연이를 따돌리기도 했다.
"가스나, 진짜 재수 없다."
"맞다. 서울서 왔으믄 다가?"
뒤에서 아이들이 수군거렸지만, 지연인 아무렇지도 않은 척 등을 곧게 펴고 교무실을 향해 걸어갔다.
선생님이 부른 이유는 가정환경 조사서 때문이었다. 지연이는 가정환경 조사서에 아무것도 적지 않았다. 집 주소도, 부모님 이름도, 직업도…….
"지연아, 부모님께 이거 안 보여드렸니? 왜 아무것도 안 적어 왔지?"
선생님이 책상 위에 놓인 가정환경 조사서를 가리키며 물었다. 지연이는 아무런 대답도 하지 않았다. 아니, 할 수 없었다.

"선생님이 물으면 대답을 해야지. 무슨 다른 이유라도 있는 거야?"

선생님이 목소리를 높였다. 지연이는 입술을 깨물었다. 입을 열면 눈물이 떨어질 것만 같았다.

'선생님, 저는 가족이 없어요. 아빠랑 엄마는 이혼하셨고, 그리고……'

말하지 않아도 선생님이 알아주시면 좋을 텐데, 그래서 세상에서 단 한 사람만이라도 나와 비밀을 나눌 수 있다면 좋을 텐데, 그런 생각이 들자 자신의 처지가 더 처량하게 느껴졌다.

"됐다. 그만 가 봐라. 그리고 내일까지 꼭 써 와야 한다."

선생님이 한숨을 내쉬면서 조사서를 내밀었다. 지연이는 종이를 꼬깃꼬깃하게 접어 주머니에 넣었다. "내일까지 꼭 써와야 한다." 선생님 목소리가 지연이 가슴을 짓눌렀다. 지연인 교실로 돌아오는 내내, 내일이 영원히 오지 않았으면 하고 바랐다.

그날 지연이는 밤늦도록 동네 놀이터에 앉아 있었다. 밤이 되자 흙장난하던 꼬맹이들도 하나 둘 집으로 돌아가고, 어느새 놀이터는 텅 비어 버렸다. 지연이는 그네에 앉아 하늘을 쳐다보았다. 별 하나 없이 깜깜했다. 주머니 속에 든 종이를 생각하니 또다시 가슴이 답답해졌다. 지연이는 주머니에 손을 넣어 종이를 만지작거리다가 집으로 돌아왔다. 할머니가 대문 앞에 서 있었다.

"와 이리 늦었노? 얼매나 걱정한 줄 아나?"

"죄송해요."

볼멘소리를 하고 들어가려는 지연이를 할머니가 붙잡았다. 할머니의 손은 나무옹이처럼 거칠거칠하고 푸석거렸다. 수분이 다 빠져나가서 금방이라도 바스라질 것처럼.

"니 오믄 먹일라꼬 할매가 만들었다. 몇 번이나 뎁혀 가지고 퉁퉁 불었을 기다. 그래도 한번 떠 묵어라."

할머니가 쭈그리고 앉아 밥상보를 열었다. 퉁퉁 불은 수제비 한 그릇. 수제비는 국물도 보이지 않을 정도로 퉁퉁 불어 있었다.

"앉아서 묵거라. 니, 수제비 좋아했재? 니 애비도 수제비를 좋아하고. 그래서 누가 니 애비 딸 아니랄까 봐 꼭 닮았다고 안 했나."

할머니는 아무것도 묻지 않았다. 왜 늦었는지, 어디에 갔었는지, 누구와 있었는지……. 주름이 가득한 얼굴로 빙그레 웃기만 하셨다. 수제비 맛처럼 은근하고 구수한 표정이었다. 지연이는 한 술 한 술, 수제비를 떠 넣었다. 엄마가 해 주던 수제비 맛과는 달랐지만 어쩐지 익숙했다. 아주 오래전, 누군가 흘러내린 지연이의 머리카락을 연신 쓸어 올려 주던 기억, 호호 불어가며 수제비를 먹여 주던 기억이 날 듯도 했다.

지연이는 천천히 수제비 한 그릇을 다 비웠다.
 "잘 먹었습니다."
 방으로 돌아와 가정환경 조사서를 꺼냈다. 꼬깃꼬깃 접힌 종이를 할머니의 주름살을 펴듯 정성스레 펼쳤다. 잠시 머뭇거리던 지연이는 연필을 꺼내 쓰기 시작했다.

 보호자 : 임순례
 관계 : 할머니
 나이 : 72세
 직업 : 없음

 그렇게 빈칸을 하나하나 다 채워 넣고 지연이는 잠시 망설였다. 그러다 가정환경 조사서의 맨 위쪽 여백에 무언가를 써 넣었다.
 '저에게 새로운 가족이 생겼습니다. 바로 할머니입니다.'

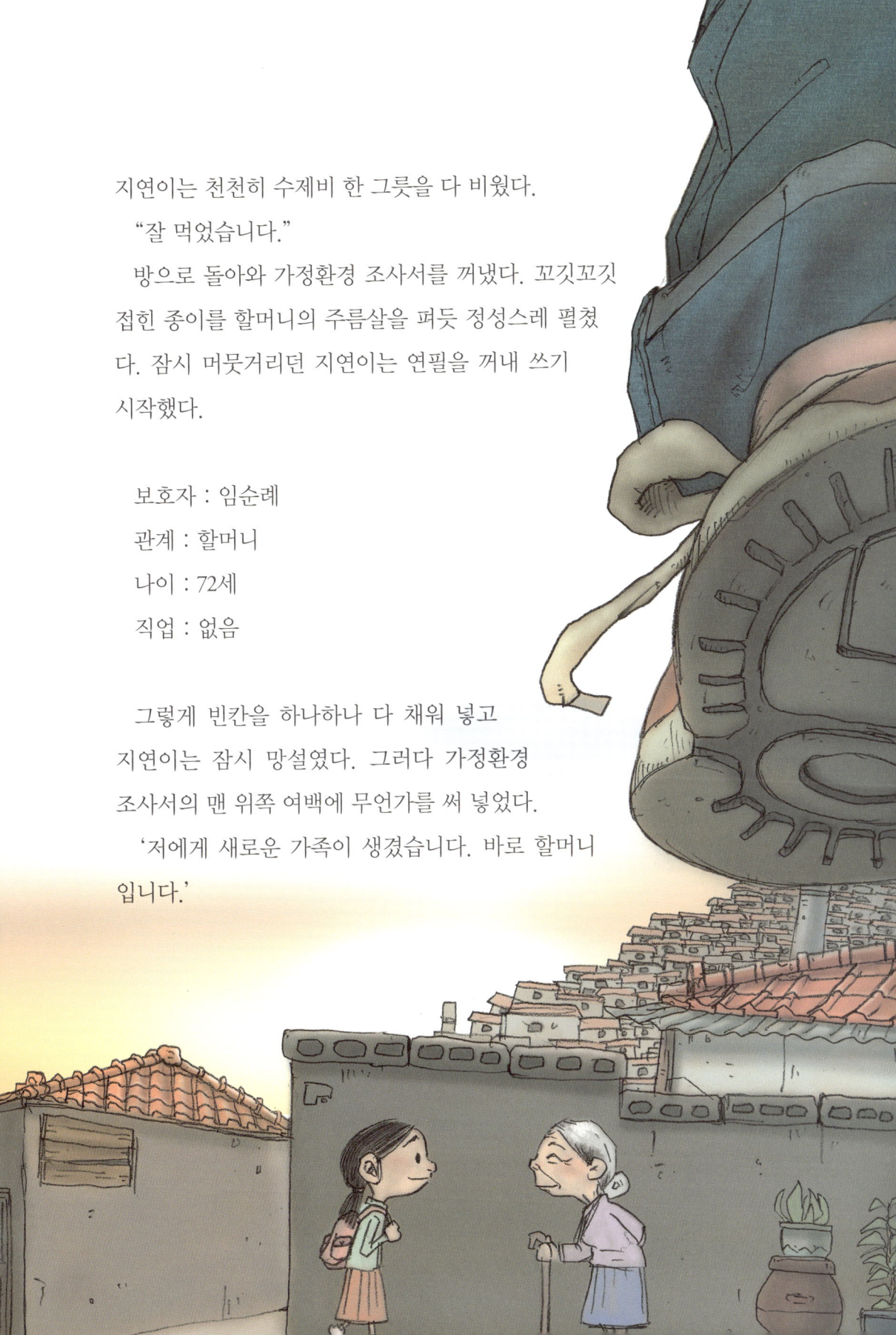

가족의 형태가 변할 뿐 모두가 '완전한 가족'

유리병이 땅에 떨어져 산산조각 나면 그 모양이 바뀐다. 하지만 유리가 플라스틱이 되거나 종이가 되는 것은 아니다. 단지 병의 형태가 바뀔 뿐이다. 가족도 마찬가지다.

'가족 해체'란 무슨 뜻일까?

뉴스나 신문에 "가족 해체가 새로운 사회 문제가 되고 있다."는 말이 종종 나와. 해체란 흩어지거나 무너진다는 뜻이야. 완전히 망가져서 사라지는 게 아니라 서로 뿔뿔이 흩어져 버린다는 말이지. 그러니까 '가족 해체'란 가족을 이루어 함께 살았던 사람들이 어떤 이유로 인해 서로 흩어져서 따로 살게 된 경우를 말해.

그런데 좀 이상하지 않니? 앞에서 우리는 가족이란 절대 변하지 않는 것이라고 배웠잖아? 학교나 국가 같은 사회 집단은 내가 바꿀 수 있지만, 한번 맺어진 가족은 절대 바꿀 수 없다고 말이야. 그런데 어떻게 가족이 해체될 수 있는 걸까?

가족이 해체되는 이유는 여러 가지가 있어. 부모님의 이혼이나 별거, 자녀의 가출 같은 것들이지. 그러나 겉모습만 바뀔 뿐 서로가 가족이란 사실에는 변함이 없단다. 네가 얌전한 옷차림을 하고 있든, 힙합 바지에 야구 모자를 쓰고 있든, 또는 한복을 입고 있든 자기 자신은 변하지 않는 것처럼 말이야.

대가족에서 핵가족으로

'완전한 가족'이란 어떤 모습일까? 아마도 엄마와 아빠, 그리고 자녀가 함께 모여 사는 가족을 떠올릴 테지? 그런데 '완전한 가족이란 이런 것'이라는 생각은 사람들이 만든 거야. 그리고 사람의 생각은 시대에 따라, 지역에 따라 달라지게 마련이지.

100년 전만 해도 우리나라 사람은 대부분 농사를 지으며 살았어. 농사를 지을 때는 가족의 수가 많은 게 유리했을 거야. 할아버지, 할머니, 아빠, 엄마, 삼촌, 고모, 아이들까지 모두 함께 곡물을 키우고 고추를 따고 고구마를 캐면 한결 일이 쉬우니까. 그래서 그때는 할아버지부터 손자까지 한 집에 모여 사는 '대가족'이 대부분이었어.

'핵가족'이 생겨난 것은 1970년대부터야. 그 당시 우리나라에는 큰 도시를 중심으로 공장들이 생겨나기 시작했어. 서울에서 부산까지 쭉 뻗은 경부 고속도로도 그때 만들어졌지. 사람들은 시골에서 농사를 짓는 것보다 공장에서 일하고 싶어 했어. 일도 편하고 돈도 많이 벌 수 있을 거라고 생각했으니까. 그래서 너도나도

공장이 있는 도시로 모여들었어. 공장이나 음식점에 취직하거나, 장사를 하기도 했지. 이렇게 농촌에서 도시로 옮겨 온 사람들은 대부분 젊은이들이었단다. 이들이 결혼을 하고 자식을 낳아 새로운 형태의 가족을 꾸리게 되었지. 부모와 자식만으로 이루어진 가족, 이것이 바로 '핵가족'이야.

새로운 가족이 나타나고 있다

대가족이 핵가족으로 변한 것처럼 요즘에도 새로운 가족의 모습이 나타나고 있어. 그것은 어떤 모습의 가족일까? 왜 새로운 모습의 가족이 나타나는 걸까?

부모가 이혼을 했거나 두 사람 다 자녀를 키울 형편이 되지 않을 때를 생각해 보자. 지연이네처럼 할아버지나 할머니께서 아이를 돌볼 수밖에 없겠지? 이런 가족이 지난 10년 동안 65%나 늘었단다.

또 노인 부부만으로 이루어졌거나, 노인 혼자 사는 경우도 많아졌어. 가족의 형태가 대가족에서 핵가족으로 바뀌면서 이런 현상들이 늘어났지. 자녀들이 결혼해서 분가를 하고 나면 자연히 노인 부부만 남게 되니까. 그러다 어느 한 사람이 먼저 세상을 떠나면 남은 사람은 홀로 살아가겠지. 또 평균 수명이 길어진 것도 노인 가족이 많아지는 이유 가운데 하나란다.

'한 부모 가족'이란 것도 있어. 부모 중 한 사람이 일찍 세상을 떠나거나, 이혼을 해서 어쩔 수 없이 한쪽 부모와 살게 되는 경우지. 또 공부 때문에 부모와 자녀가 멀리 떨어져서 지내는 '기러기 가족'도 생겨나고 있어.

모두가 '완전한 가족'이야

사회가 변화함에 따라 가족의 형태 또한 달라져. 그렇다 하더라도 여전히 남는 문제가 있어. 부모님 없이 할아버지나 할머니와 사는 친구들, 한쪽 부모님과 살아야 하는 친구들에게 남겨진 아픔까지 지워지진 않는다는 거야.

현실적인 고민도 많이 생기게 됐지. 할아버지, 할머니와 사는 친구들은 대개 경제적 어려움을 겪고 있어. 한 부모 가족의 아이들은 그 사실을 친구들에게 말하지 않은 채 혼자 고민하는 경우가 많아. 또 혼자 사시는 노인들은 외로움과 가난 때문에 매우 힘들어 하신단다.

가장 중요한 것은 새로운 가족을 이룬 사람들이 '우리는 완전한 가족이 아니야. 우리 가족은 깨졌어.' 하며 아파하지 않도록 하는 거야. 그러기 위해서는 사람들의 생각이 바뀌어야겠지. 나와 가족의 형태만 다를 뿐 모두가 완전한 가족이라고 여기는 사람들이 많아질 때 그런 아픔도 사라질 거야.

가슴으로 낳는 사랑, 입양

5월 11일은 '입양의 날'입니다. 우리나라에서는 해마다 3천여 명의 아동이 국내 또는 해외로 입양되고 있습니다. 경제 대국이라는 이면에는 '고아 수출국'이라는 부끄러운 이름이 숨어 있습니다. 해외로 입양되는 아동이 많았던 것은 우리나라 사람들이 입양을 부끄러운 일이라고 생각해 꺼렸기 때문입니다.

양부모님은 날 사랑해 주시고 최선을 다해 키워 주세요. 하지만 난 여전히 부모님의 마음에 들기 위해 노력하고 눈치를 봐요. 혹시 또 버려지지 않을까 두렵기 때문이죠.

입양 아동 1

우리 부부는 아이를 낳지 못해 입양을 결심했어요. 여자 아이를 입양하는 것은 괜찮지만 남자 아이는 곤란해요. 전통적으로 남자가 그 집안의 대를 잇는데, 입양한 남자 아이가 대를 잇는다는 것은 좀 부담스럽잖아요?

입양 가족 1

정부는 국내 입양을 장려하기 위해 제도적으로 돕고 있습니다. 국내 입양 부모의 자격을 확대하고, 입양 기관에 내는 입양 수수료도 정부가 전액 부담하고 있습니다. 또 13세 미만의 입양 아동에게는 양육비의 일부를 지원하고 있습니다.

정부

최근엔 다른 사람들에게 입양을 한다고 알리는, 공개 입양 가족이 늘고 있습니다. 2007년에는 처음으로 국내 입양 아동이 해외 입양 아동보다 많았습니다. 하지만 여전히 입양을 바라보는 의견은 다양합니다. 여러분은 입양에 대해 어떻게 생각하나요?

난 해외로 입양됐어요. 내가 부모님, 형제들과 다르게 생겼다는 것은 받아들이기 힘든 일이었지만 지금은 잘 적응하고 있죠. 그래도 나를 이 세상에 태어나게 해 준 친부모가 누구인지, 왜 날 버렸는지 궁금합니다.

입양 아동 2

모든 아이는 가족의 따뜻한 사랑과 보호가 필요하죠. 자신의 친부모에게 그런 사랑을 받는 것이 가장 좋겠지만, 이미 버려진 아이라면 우리라도 그 아이에게 행복한 가정을 만들어 주고 싶었어요. 그런데 아이를 키울수록 우리가 아이에게 주는 행복보다 아이가 우리에게 주는 행복이 훨씬 크다는 것을 깨닫게 됩니다.

입양 가족 2

장애 아동의 입양은 거의 외국인이 합니다. 해외 입양의 경우 40%가 장애 아동이지만 국내 입양은 2.9%에 불과하지요. 아이의 행복보다는 부모가 키우기 편한 것을 더 중요하게 생각하는 것 같아요.

입양 단체 관계자

나이만큼 작아지는 할머니, 할아버지
외로운 노인들

학원 가는 길에 할머니 한 분을 봤다.
'저게 다 뭐지?'
할머니가 끄는 손수레엔
신문, 잡지, 라면 상자 같은 것들이 잔뜩 쌓여 있었다.
"빵빵"
뒤에서 자동차 경적이 울렸다.
할머니가 길옆으로 피하기 위해 몸을 잔뜩 구부려 힘을 주었다.
그러나 손수레는 꼼짝도 하지 않았다.
나는 얼른 뛰어가 손수레를 밀었다.
얼마나 무거운지 숨이 다 찰 지경이었다.
할머니가 고맙다며 내 머리를 쓰다듬어 주셨다.
하얗게 센 머리카락, 얼굴 가득한 주름, 뼈만 남은 것 같은 손가락.
'할머니에겐 가족이 없는 걸까?'
'왜 아직도 이렇게 힘든 일을 하시는 걸까?'
궁금한 게 많았지만, 어쩐지 물어볼 수는 없었다.

하모니카 할머니의 하루

　이야기 하나 할게요. 어떤 할머니 이야기예요. 그냥 할머니가 아니라 아주 특별한 할머니랍니다. 어떻게 특별하냐고요? 할머니는 하모니카를 불어요. 음, 그래요. 하모니카 부는 게 특별한 일은 아니죠. 하지만 할머니의 하모니카 소리를 들으면 왜 특별한지 저절로 고개가 끄덕여질걸요?

　할머니의 하모니카는 할머니 나이만큼이나 오래되었어요. 저런 고물 하모니카에서 제대로 소리가 날까? 이런 걱정은 안 하셔도 좋아요. 할머니가 손으로 두어 번 툭툭 턴 뒤에 후후 하고 숨을 불어 넣으면, 마치 살아있는 듯 노래를 하거든요. 처음엔 목이 막힌 것처럼 커억 대다가도 할머니의 따뜻한 손길과 숨결을 받으면 이내 곱고 잔잔한 노래를 들려준답니다.

　그래서 별명이 '하모니카 할머니'가 되었어요. 하모니카 할머니가 가장 좋아하는 노래는 '즐거운 나의 집'이랍니다. 할머니는 이 노래를 하루에 수십 번도 더 연주해요. 할머니의 무대는 바로 지하철 안입니다.

　오늘도 할머니는 아침 일찍 우대권을 받아서 지하철을 탔습니다. 한 손에는 하모니카, 한 손에는 낡은 바구니를 들고 말이죠.

　"즐거운 곳에서는 날 오라 하여도 내 쉴 곳은 작은 집 내 집뿐이리."

　덜컹거리는 지하철 안에 낡은 하모니카 소리가 울려 퍼집니다. 그 사이로 느릿느릿 할머니가 사람들 곁을 지나갑니다. 할머니를 본 사람들은 제각각 다른 반응을 보여요.

　얼른 눈을 감고 자는 척 하는 아가씨, 시끄러운 듯 얼굴을 잔뜩 찡그리는 아저씨, 할머니를 빤히 쳐다보는 학생들……. 어떤 사람은 행여 하모니카 할머니와 몸이라도 닿을까 봐 얼른 몸을 피합니다.

　아주머니 두 분이 할머니를 흘긋거리며 얘기를 나눕니다. 옷차림이 매우 근사한 분들이에요.

　"쯧쯧, 젊어서 뭘 했기에 다 늙어서 저렇게 구걸을 해. 자식도 없나?"

　"그러게, 자식 키워봐야 저 혼자 큰 줄 알지, 부모 고마운 걸 아나? 부모야 어떻게 되든 저 살기 바쁘지."

　아주머니들은 혀를 쯧쯧 차며 하모니카 할머니를 위아래로 훑어봅니다.

　할머니는 아랑곳하지 않고 묵묵히 걷기만 합니다. 얼굴이 붉어지도록 열심히 하모니카를 불면서요. 가끔 한두 사람이 표정 없는 얼굴로 지갑을 뒤져 동전이나 천 원짜리 지폐를 바구니 안에 넣어줄 때도 있습니다. 주위 사람의 눈치를 보며 슬그머니 바구니에 돈을 넣는 사람도 있고요.

할머니는 1호선부터 차례차례 지하철을 탑니다. 어떤 날은 여러 노선을 타기도 합니다. 하모니카 할머니는 이렇게 하루에 대여섯 시간씩 지하철을 탑니다.

"삐익! 승차 시간을 초과하였습니다. 역무원에게 문의하시기 바랍니다."

할머니가 개찰구를 빠져나오다가 들은 오늘의 첫 인사입니다.

"네, 네, 미안합니다."

할머니는 혼잣말을 중얼거리며 개찰구 밑으로 살그머니 기어 나옵니다. 공짜로 타는 지하철인데 역무원을 부르는 것은 미안하니까요.

밖으로 나온 할머니가 퉁, 퉁 허리를 두드립니다. 하모니카를 불어 번 돈으로 라면과 초코파이, 사탕을 사서 집으로 돌아갑니다.

할머니 집은 달동네입니다. 손을 뻗으면 하늘이 닿을 것 같고, 밤이면 별이랑 달이 머리 위에서 반짝반짝 빛을 내지요. 할머니 집으로 가려면 꼬불꼬불 가파른 언덕길을 한참이나 올라가야 해요. 젊은 사람이라면 15분쯤 걸릴 테지만, 할머니 걸음으로는 30분도 더 걸립니다. 할머니는 한 걸음 뗄 때마다 휴우 하고 긴 숨을 내쉽니다. 길모퉁이에 있는 평상에 앉아 쉬기도 하고, 끝이 보이지 않는 계단에 앉아 무릎을 두드리기도 합니다.

오늘은 작은 공터에 아이들이 모여 있네요. 와와 소리를 지르며 공을 차고 있습니다. 축구공을 쫓아 우르르 몰려다니는 아이들은 매우 활기찬 모습입니다. 땀을 뻘뻘 흘리고, 간혹 숨을 몰아쉬기도 하지만 모두들 즐거운 표정이에요. 할머니가 빙그레 미소를 띠며 신나는 노래만 골라 하모니카를 붑니다.
　멋지게 연주를 끝낸 할머니가 아이들을 부릅니다.

"야, 야, 애들아."

아이들은 노는 데 정신이 팔려 아무도 할머니를 쳐다보지 않습니다. 할머니가 다시 아이들을 향해 말합니다.

"얘들아, 이 할미가 사탕 좀 줄까?"

그래도 아이들은 축구공을 쫓아다니느라 정신이 없습니다. 아이 하나가 운동화 끈을 묶기 위해 잠시 멈춰 섭니다. 할머니는 얼른 공터 안으로 들어가 아이 손에 사탕을 쥐어 줍니다.

"다른 아이들이랑 나눠 먹어라. 혼자 다 먹지 말고."

놀이에 방해를 받은 듯 아이는 잔뜩 골이 난 표정으로 할머니를 쳐다봅니다.

그래도 할머니는 흐뭇한 얼굴로 아이들을 바라보다 다시 계단을 오릅니다. 계단은 하늘에라도 닿을 것처럼 끝없이 펼쳐져 있습니다. 그 계단을 다 올라가야 할머니 집이 나옵니다. 할머니는 낡고 허름한 집의 반 지하 방에 살고 있습니다. 작은 부엌이 딸린 한 칸짜리 방이지요. 할머니가 어둑어둑한 방 안에 비닐봉지를 내려놓습니다. 휴, 할머니가 내쉬는 한숨이 방 안에 가득 찹니다.

작은 방은 아침에 할머니가 나갈 때 그대로입니다. 무늬가 다 바랜 이불이 한구석에 펼쳐져 있고, 한쪽 다리를 테이프로 돌돌 감은, 칠이 벗겨진 상 위에는 냄비와 김치 통이 놓여 있습니다.

할머니는 부엌 바닥에 앉아 세수를 하고 그 물에 양말과 손수건을 빨아 방으로 들어갑니다. 그리고 주머니에서 하모니카를 꺼내 창가 작은 선반에 올려 둡니다. 이불 속에 넣어둔 밥을 꺼내 물에 말아 김치와 먹고 나서 할머니는 자리에 누웠습니다.

  자리에 누우면 하모니카가 놓인 선반이 보입니다. 하모니카 옆에는 모서리가 닳은 사진이 있습니다. 사진 속에는 열 살 남짓의 남자 아이가 엄마 손을 꼭 잡고 환하게 웃고 있습니다. 남자 아이는 청년이 되어 결혼을 한 뒤로는 엄마를 찾아오지 않았습니다.

  '저 혼자 벌어먹기도 고달플 테지…….'

  한참 동안 사진을 바라보다 할머니는 스르르 잠이 듭니다.

"어머니!"

  꿈속에서 지하철 안을 걷는데 어디선가 나타난 아들이 할머니를 향해 달려옵니다. 하모니카 할머니는 반가운 마음에 흠칫 놀라 잠에서 깼다가 돌아눕습니다.

  '꿈이었구나…….'

  할머니는 낮게 소리 내어 노래를 부릅니다.

"즐거운 곳에서는 날 오라 하여도 내 쉴 곳은 작은 집 내 집뿐이리. 내 나라 내 기쁨 길이 쉴 곳도 꽃피고 새 우는 집 내 집뿐이리."

나날이 심각해지는 노인 문제

인류에겐 공통된 꿈이 있다. 건강하게 오래오래 살고 싶은 꿈.
그리스 시대의 평균 수명은 29세, 16세기 유럽의 평균 수명은 21세였다고 한다. 중국을 최초로 통일한 진시황은 영원히 살 수 있는 약을 구하기 위해 애를 썼지만 49세에 죽고 말았다. 인류는 그때보다 훨씬 더 오래 살고 있다. 그런데 오래 사는 것이 꼭 행복하기만 한 것일까?

늘어나는 노인 인구

보통 65세 이상인 사람들을 노인이라고 불러. 1960년대 우리나라 노인 인구는 약 72만 명이었는데 지금은 약 417만 명 정도지. 그동안 6배나 증가한 셈이야. 노인 인구가 국민 전체 인구의 7%를 넘으면 '고령화 사회'라고 하는데 우리나라는 2000년에 7.2%가 되어 이미 고령화 사회에 들어섰지.

노인 인구가 늘어난 이유는 평균 수명과 관련이 있어. 1960년대 평균 수명은 52세였는데 지금은 76세야. 경제가 발전하면서 생활환경이 좋아지고 의료 기술도 발전했기 때문이지. 영양분을 충분히 섭취하고, 보다 좋은 환경에서 일하고, 또 병이나 사고를 당해도 치료할 기술이 있으니 수명이 길어지는 것은 당연한 일인지도 몰라. 앞으로도 평균 수명은 점점 길어질 거야. 노인 인구도 더 많아지겠지. 2030년엔 노인 인구가 전체 인구의 약 20% 정도를 차지할 거라고 예측하고 있어.

노인을 힘들게 하는 것

수명이 길어지면서 사람들은 예전보다 더 많은 일을 할 수 있게 되었어. 가족들과 긴 시간을 보낼 수 있게 되었고, 손자의 재롱을 보는 기쁨을 맛보기도 하지. 은퇴한 뒤에는 편안하게 여가를 보내며 자신의 취미를 즐길 수도 있어. 그런데 외국 속담에 이런 말이 있다고 해.

"어린이는 낙원, 젊은이는 전장, 노인은 살아 있는 무덤이다."

이 말은 노인들이 곧 죽음을 맞이할 것이라는 의미도 있겠지만, 그만큼 노인들이 살아가기에 세상은 너무 힘들고 어려운 곳이라는 뜻도 숨어 있을 거야. 그럼 노인들이 겪는 어려움에 대해 생각해 볼까? 우선 나이가 들면 여기저기 아픈 곳이 많아져. 눈도 침침해지고 귀도 잘 안 들리고 허리도 아프고 치매나 중풍, 고혈압, 당뇨, 관절염 같은 병으로 고생하는 경우도 많지.

경제적인 어려움도 무시할 수 없어. 대부분 60세 정도가 되면 퇴직하고 별다른 수입 없이 생활해야 하는데 우리나라 노인 중 저축해 놓은 재산으로 생활하는 노인은 7.5%밖에 안 된다고 해. 자녀들 양육비와 교육비, 그리고 가족의 생활비로 대부분 지출해 버리기 때문이지. 나머지 노인은 국가의 보조금이나 자식이 주는 용돈으로 겨우 생활하고 있어. 한 달 생활비가 10만 원에서 20만 원 정도밖에 안 되는 노인들도 많다고 하니, 그 분들이 겪는 어려움이 어느 정도인지 짐작할 수 있겠지?

외로움이나 소외감도 노인들을 힘들게 하는 것 중 하나란다. 나이가 들수록 할 수 있는 일도 그만큼 줄어들어. 가정이나 사회에서 자신의 역할이 없어진다는 건 견디기 힘든 일이야. 친구들이 하나 둘, 먼저 세상을 떠나는 것도 몹시 슬픈 일이고 말이야. 젊은 사람이나 자식이 자신을 따돌리는 것처럼 느껴져서 서운할 수도 있어. 이런 이유로 우울증을 앓고 있는 노인들이 많아. 2003년 한 해 동안 우울증으로 자살한 노인들이 2,760명이나 될 정도라니, 정말 심각한 문제가 아닐 수 없어.

노인 문제가 사회 문제가 되고 있다

농경 사회에서 일반적인 가족의 형태는 대가족이었어. 한 집에 할아버지, 아버지, 손자가 함께 살았지. 그때 노인은 한 집안의 가장 큰 어른으로 존경을 받았어. 또 노인은 자신이 가진 지식과 기술을 자손들에게 알려 주면서 가정이나 마을의 중요한 일을 결정하는 힘을 가지고 있었지.

사회가 산업화되자 가족의 형태도 변화했어. 부모와 자녀, 2세대가 모여 사는 '핵가족'이 등장했지. 장성한 자식들은 결혼한 후 부모와 떨어져 자신들만의 가정을 꾸리게 됐어. 그러다 보니 점차 '효'에 대한 생각도 바뀌어 자식이 반드시 부모를 모셔야 한다는 생각이 점점 사라졌지. 그래서 노인 부부만 사는 가족, 노인 혼자 사는 가족이 증가하게 되었단다. 70년대에는 홀로 사는 노인이 고작 7%였는데 90년대에 들어서면서는 50%를 넘어섰다고 해.

사회가 변화함에 따라 노인 문제는 개인의 문제에서 점차 사회 문제로 확대되고 있어. 더 이상 자식이나 친척에게만 노인 문제를 책임지라고 할 수 없게 된 거지. 경제력이 없거나 몸이 아픈 노인들을 이젠 사회가 책임지고 돌보아 주어야 할 때가 온 거야.

젊은이는 줄고 노인은 늘어난다

사회가 노인 문제를 해결하기 위해서는 어떻게 해야 할까? 노인들이 안정적으로 살 수 있도록 연금이나 보조금을 충분히 주어야겠지. 또 병이 든 노인들을 위해 의료비도 지원해 주어야 해. 일할 수 있는 능력과 의지가 있는 노인들에게 일자리를 마련해 주는 것도 필요하고, 취미 생활을 할 수 있는 공간이나 운동 시설을 만드는 것도 중요한 일이야.

이런 노인 복지 문제는 우리 모두가 해야 할 일이야. 그런데 평균 수명이 길어지면서 노인 인구는 증가했지만, 출산율은 계속 감소하고 있기 때문에 노인 세대를 부양할 젊은 층이 줄어들고 있다는 데 문제가 있어.

2000년에 젊은이 100명이 10명의 노인을 모셔야 했다면, 2010년에는 14명, 2030년에는 30명을 모셔야 된다고 해. 갈수록 젊은 층의 부담이 늘어나게 되는 거지. 그래서 앞으로 노인들과 젊은이 간에 많은 갈등이 있을 거라고 예측하는 사람도 있어.

노인 문제는 우리 모두의 문제

혼자 살던 노인이 죽은 지 며칠 만에 발견되었다는 신문 기사를 종종 접하게 돼. 무료 급식소에 가면 식사 시간이 되기 전부터 길게 줄을 선 노인들을 볼 수 있지. 공원에 앉아서 시간을 보내거나 폐휴지를 모으기 위해 온 동네를 돌아다니는 노인들도 있어.

아직까지 우리나라의 노인 복지 정책은 부족한 점이 많아. 한 조사에 따르면 우리나라 노인 중 48%가 생활이 어렵다고 대답했어. 독일 8%, 미국 29%에 비하면 정말 높은 수치가 아닐 수 없어.

어떤 젊은이들은 이렇게 생각하기도 해.

"노인들은 자꾸만 늘어나는데, 어떻게 우리가 모두 책임을 지라는 겁니까? 각자 알아서 해야 되지 않을까요?"

그런데 조금만 더 생각을 해보자꾸나. 이 세상에 젊음을 영원히 유지하며 사는 사람이 있을까? 시간이 흐를수록 우리도 조금씩 늙어가는 거야. 단 한 사람도 예외는 없지. 그러니 지금 당장은 아니더라도 언젠간 우리도 노인 문제에 직면하게 될 거야. 다시 말해 노인 문제는 이 사회에 살고 있는 우리 모두의 문제란 거지. 노인이 살아가기에 행복한 사회를 만드는 것은, 바로 미래의 나를 위한 투자이기도 한 거야.

잃어버린 할아버지

"아빠, 할아버지가 없어졌어요. 엉엉."

게임이 문제였습니다. 엄마가 외출하면서 당부한 말씀을 깜박했거든요.

"할아버지 잘 챙겨드려야 한다. 필요하신 건 없는지 살펴보고, 밖에 못 나가시게 하고. 알았지?"

할아버지가 보이지 않습니다. 가슴이 쿵쾅쿵쾅 뛰기 시작합니다. 엄마가 뭐라고 할지 안 들어도 알 것 같습니다. 걱정에 빠진 아빠의 얼굴도 떠올랐습니다. 공원이며 근처 마트까지 두 시간이 넘게 찾아 다녔지만 헛수고였습니다. 혹시 자동차 사고라도 난 건 아닐까요? 할아버지가 걱정되기도 했지만, 혼날까 봐 무섭기도 해서 자꾸 눈물이 흘렀습니다. 결국 울면서 아빠에게 전화를 했지요.

아빠, 엄마와 함께 밤늦도록 온 동네를 뛰어다녔습니다. 그깟 게임이 뭐라고, 나 자신이 너무 미웠습니다. 해가 지고 어두워지면서 걱정도 점점 커졌지요. 아빠랑 엄마 얼굴도 온통 눈물과 땀으로 범벅이 되어 있었습니다.

다음 날, 경찰서에서 연락이 왔습니다. 길에서 쓰레기통을 뒤지고 있던 할아버지를 발견했다는 것입니다. 목걸이에 적힌 연락처를 보고 전화를 했대요. 아빠가 할아버지를 모시고 왔습니다. 하루 만에 할아버지 행색은 말이 아닙니다. 맨발인데다, 옷에는 더러운 얼룩이 덕지덕지 묻어 있었습니다.

"할아버지, 어디 갔었어? 얼마나 걱정했는지 알아? 응?"

할아버지의 팔을 흔들며 울먹였지만, 할아버지는 그저 멍한 얼굴입니다. 아빠는 지친 얼굴로 털썩 주저앉았고, 엄마는 조용히 욕실로 들어가 할아버지 목욕물을 받았습니다. 그날 밤, 아빠는 큰아버지와 고모에게 전화를 했습니다.

"이제 안 되겠어요. 그냥 요양원에 모셔야겠어요. 나도, 집사람도 지쳤어요."

우리 할아버지는 노인성 치매 환자입니다. 할아버지가 이상해진 건 3년 전입니다. 할머니가 돌아가시고 난 뒤부터 할아버지가 조금씩 달라졌습니다. 처음엔 그냥 물건을 어디 두었는지 잘 기억을 못 하고, 손자들 이름을 헷갈려 하는 정도였습니다.

"나도 많이 늙었나 보다. 우리 귀여운 강아지들 이름을 잊어버리고."

그때까지만 해도 누구도 심각하게 생각하지 않았습니다. 큰아버지는 할아버지가 혼자 되셔서 외로워 그런 거라고 말하기도 했지요. 그래서 노인 복지 센터에 등록도 해 드리고, 함께 등산도 다녔습니다. 그런데 할아버지는 아무것도 하기 싫다며 그저 멍하니 앉아 있는 시간이 많아졌습니다. 큰어머니를 보고는 아줌마라고 불러서 깜짝 놀라게도 하고요. 금방 점심을 드렸는데도 또 밥을 달라며 억지를 쓰기도 하고요. 그느라 하루에도 몇 번씩 큰어머니와 실랑이를 했대요.

작년 설이었어요. 큰집에서 가족끼리 큰 말다툼이 있었어요. 허름

한 할아버지의 모습을 보고 고모가 큰어머니에게 화를 낸 게 시작이었어요.

"언니, 아버지 차림이 왜 이래요. 어차피 모시는 거 좀 제대로 모셔야 되지 않겠어요?"

큰어머니도 얼굴이 빨개지며 목소리를 높였습니다.

"이봐요, 고모. 그럼 고모가 한번 모셔 보든지요. 노망난 노인네 수발하는 게 얼마나 힘든지 알기나 해요? 하루에도 몇 번씩 밥 차려야지, 음식 흘린 옷 빨아야지. 엊저녁엔 똥 묻은 팬티까지 치웠다고요."

"여보, 그만하지 못해. 애들 듣는데 무슨 소리야!"

"아이고, 울 아부지. 얼마나 점잖고 단정한 분이셨는데. 엄마만 살아 계셨어도 이렇게는 안 되셨을 텐데……."

고모가 할아버지를 붙들고 눈물 바람을 하면서 다툼은 끝이 났습니다.

"형님, 이제 우리가 모실게요. 그동안 형수님도 고생하셨는데……."

아빠는 할아버지를 우리 집으로 모시고 왔습니다. 할아버지가 온 뒤로 우리 집에는 매일 매일 사건이 끊이지 않았습니다. 할아버지는 거의 가족을 알아보지 못했습니다.

"할아버지, 내가 누구야?"

이렇게 물으면 가끔 아빠 이름을 말하기도 했습니다.

할아버지는 식사도 손으로 했어요. 숟가락을 쥐어 드려도 바닥에 던져버렸어요. 물만 보면 고함을 질러서, 목욕할 때마다 아빠와 나는 땀을 뻘뻘 흘려야 했습니다. 멍하니 있다가 갑자기 집 안을 이리저리 돌아다니기도 했습니다. 그러다가 물건에 부딪혀서 다칠 때도 있었고, 한밤중에 밖에 나가겠다고 고집을 피울 때도 있었습니다. 그래서 늘 가족 중 누군가가 할아버지와 함께 있어야 했습니다. 우리 가족은 외식도 마음 놓고 할 수 없었고, 엄마와 아빠는 자주 말다툼을 했습니다.

예전에 우리 할아버지는 참 멋지셨어요. 새하얀 머리카락에 한복을 입고 계신 모습은 양반집 대감 같았어요. 방학 때 할아버지 댁에 가면 연이나 팽이 같은 놀이 도구도 만들어 주셨지요. 3학년 때는 할아버지가 만들어 주신 연으로 상도 탔는걸요.

그런데 우리 할아버지가 이렇게 달라질 줄은 몰랐습니다. 치매란 병이 할아버지를 완전히 빼앗아 가 버린 것 같아요.

"엄마, 할아버지 언제쯤 나으실까?"
엄마는 지친 얼굴로 한숨을 쉬었습니다.
"치매는 암보다 더 무서운 병이라고 하더라. 뇌의 기억 세포가 점점 죽어간대. 할아버지는 이제 옛날의 할아버지가 아니야."
아빠는 할아버지의 가출 소동이 있고 난 뒤부터 요양 시설을 알아보았습니다. 큰아버지와 고모도 더 이상 집에서 할아버지를 보살피는 건 무리라고 생각하는 것 같습니다.
할아버지를 요양원으로 모시고 가는 날 아침, 우리 가족은 아무도 말을 하지 않았습니다. 아빠는 할아버지를 깨끗하게 씻겨 드리고, 제일 좋은 옷을 입혀 드렸습니다.

  요양원은 집에서 두 시간쯤 걸리는 거리에 있었어요. 도시 외곽에 있는 조용하고 한적한 곳이었지요. 의사 선생님은 언제든 할아버지를 만나러 와도 좋다고 했습니다. 할아버지는 어린아이처럼 간호사 누나의 손을 잡고 작은 방으로 들어갔습니다.

  나는 할아버지께 무슨 말이든 하고 싶었지만, 어떤 말을 해야 할지 몰랐습니다. 아빠와 엄마도 마찬가지인가 봅니다.

  돌아오는 차 안에서 창밖을 내다보았습니다. 도로 옆 배 밭에 하얀 배꽃이 흐드러지게 피었습니다. 하얀 배꽃이 꼭 허허 웃는 할아버지 같습니다. 할아버지 웃음이 자꾸만 자동차를 따라옵니다.

  참, 깜박했습니다. 할아버지께 드리려고 3년 전에 온 가족이 찍은 가족사진을 찾아 두었는데, 그냥 책상 위에 놓고 나왔습니다. 다음번에 올 때는 꼭 가져다 드려야겠어요.

치매, 사회가 함께 돌보아야 해요!

노인들은 왜 자꾸 키가 작아지는지 궁금했다. 어른이 되어 어떤 동화를 읽고 나서야 그 답을 알게 되었다.

그 동화에 보면 할머니에게는 지혜 주머니가 있는데 나이가 들면서 그것을 조금씩 젊은 사람들에게 나눠 준다고 한다. 나눠 주는 만큼 키가 작아질 뿐만 아니라 기억도 조금씩 사라져 어린애처럼 된다는 것이다. 오랜 세월 동안 쌓아온 삶의 지혜를 아무 조건 없이 내 주고는 정작 당신들은 지는 햇살처럼 조금씩 사그라진다는 내용이다.

이 이야기는 이청준 선생님이 쓴 《할미꽃은 봄을 세는 술래란다》라는 동화에 나온다.

기억을 잃는 병

동화에서 말한 것처럼 기억이나 지혜가 자꾸만 옛날로 되돌아가고, 어린애처럼 되어가는 병을 '치매'라고 한단다. 치매는 주로 노인들이 많이 앓는 병이야. 현재 우리나라의 치매 환자는 약 32만 명 정도로, 노인 100명 가운데 8명이 치매 때문에 고통을 받고 있어.

치매는 주로 뇌세포가 손상을 입을 때 걸리는 병이야. 또 심한 우울증이 있거나 술을 계속해서 많이 마실 경우에도 치매에 걸릴 수 있어.

치매에 걸리면 처음에는 기운이 없고, 할 일이 뭐였는지 깜박 잊어버리기도 해.

그러다 기억 능력이 나빠져서 최근에 일어난 일을 기억 못 하게 되지. 자신이 몇 시간 전에 밥을 먹었는지, 안 먹었는지도 기억이 잘 안 나. 나중에는 가족들의 얼굴도 잊고 시간이나 날짜도 알지 못하게 돼. 갑자기 화를 내거나 이유 없이 밖을 돌아다니기도 하지. 더욱 심해지면 대소변도 잘 가리지 못하고, 일상생활을 전혀 할 수 없어 가만히 누워서 지내게 된단다.

가족 모두의 고통

한 사람의 병이 때로는 가족 모두를 힘들게 한단다. 특히 치매처럼 누군가의 도움을 필요로 하거나 쉽게 치료할 수 없는 병일 땐 더 그렇지. 가족들은 환자를 돌보느라 생활에 많은 어려움을 겪게 돼. 하루 종일 환자에게서 눈을 뗄 수가 없거든. 그러니 외출을 하거나 여행을 가는 것은 상상하기도 힘들지.

아픈 환자를 간호하는 일은 대부분 딸이나 며느리, 즉 여자들이 맡게 돼. 집안일과 자녀 양육, 환자 간호까지 병행해야 하지. 이런 기간이 오랫동안 지속되면 자연히 짜증도 나고 점점 지치게 될 거야. 그러다 보니 가족들 서로가 책임을 떠넘기느라 다투기도 하고, 심한 경우에는 아픈 노인을 버리거나 학대해서 사회 문제가 되기도 해.

치매 환자를 누가 돌보아야 할까?

그동안 치매는 나이가 많은 노인에게 자연스럽게 찾아오는 병이라고 생각했어. 그래서 따로 치료를 받거나 병원에 입원하지 않고, 가정에서 환자를 돌보아 왔지. 특히 '효'를 중요시하는 우리나라에선 아픈 부모를 요양 시설에 맡기는 것은 있을 수 없는 일이었어. 치매 환자를 돌보고 간호하는 것은 오로지 가족들만의 책임이었던 거야.

앞에서 인간의 평균 수명이 점점 길어지고, 노인 인구는 계속해서 늘어날 거라고 했지? 20년 뒤 노인 인구가 2배 늘어난다고 하면, 치매 환자도 늘어날 확률이 높아. 그럼 자연히 치매 환자를 돌보느라 고통 받는 가족들도 늘어날 테고, 끝까지 감당하지 못해서 환자를 방치하거나 버리는 경우도 증가할 거야.

결국 치매는, 우리 사회 전체가 고민하고 협력해야 하는 문제야. 환자가 큰 비용을 들이지 않고도 이용할 수 있는 요양 시설이 많아져야 하고, 치매 가족을 도와줄 수 있는 제도도 만들어야 해. 환자를 대신 돌봐 준다거나, 환자의 외출이나 목욕 등을 도와주는 도우미를 양성하는 일이 그런 예가 되겠지. 하루에 몇 시간만이라도 쉴 수 있다면 환자의 가족들에겐 큰 보탬이 될 거야.

※ 2008년부터는 노인 장기 요양 보험이 시행된다. 치매나 중풍처럼 혼자서 일상생활을 하기 어려운 노인 환자의 간호나 재활을 도와주는 사회 보험 제도이다.

정년을 늘려야 할까?

지금 우리나라의 기업에서는 대부분 55세에서 60세가 되면 일을 그만두어야 합니다. 영국이나 독일, 미국, 일본 같은 나라에서는 고령화 사회를 대비해서 퇴직 나이를 적게는 65세에서 많게는 67세까지 늦추려고 하고 있습니다.

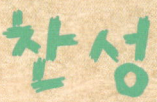

노인 취업을 권장해야 해요. 조사에 따르면 노인들이 젊은이보다 성실하게 출근하고 일도 열심히 한대요.

고령화 사회에 대비해야 돼요. 젊은 사람은 줄고 노인 인구는 늘기 때문에 노인에게 일자리를 주어야 하죠. 그러면 젊은 사람이 노인 인구를 돌보는 비용을 줄일 수 있어요.

일자리가 있어야 노인 문제를 해결할 수 있어. 경제적인 문제도 그렇지만, 역할 상실 등으로 일어나는 우울이나 고독도 해결할 수 있지. 사람은 일을 해야 활기차게 살 수 있으니까.

우리나라에서도 정년과, 고령자 취업을 늘리기 위해 노력하고 있습니다. 하지만 정년을 연장하는 데 찬성하는 기업들이 많지는 않습니다. 찬성하는 쪽과 반대하는 쪽, 어떤 의견을 가지고 있을까요?

반대

지금 청년 실업이 심각합니다. 그런데 어떻게 노인들에게까지 일자리를 줄 수 있겠습니까? 나이 든 사람이 회사에서 나가 일자리를 비워 주어야 젊은 사람이 일을 할 기회를 가질 수 있습니다.

기업에서는 오래 일한 사람에게 월급을 많이 주어야 합니다. 그래서 나이 든 사람이 많으면 인건비가 많이 들지요.

나이 든 사람은 젊은 사람에 비해 창의력이나 생산성이 떨어져요. 그리고 젊은 사람이 더 열정적으로 일할 수 있어요.

건강한 사회, 행복한 사람들
행복한 사회공동체 학교

지은이 | 서해경 · 이소영

1판 1쇄 발행일 2008년 10월 6일
1판 6쇄 발행일 2014년 11월 17일

발행인 | 김학원
경영인 | 이상용
편집장 | 정미영
기획 | 윤홍 이현아
디자인 | 김태형 유주현 임동렬 최영철 구현석
마케팅 | 이한주 김창규 이선희 이정인
저자 · 독자 서비스 | 조다영 채한율(humanist@humanistbooks.com)
스캔 · 출력 | 이희수 com.
용지 | 화인페이퍼
인쇄 | 청아문화사
제본 | 정민문화사

발행처 | 휴먼어린이
출판등록 제313-2006-000161호(2006년 7월 31일)
주소 | (121-869) 서울시 마포구 동교로23길 76(연남동)
전화 | 02-335-4422 팩스 | 02-334-3427
홈페이지 | www.humanistbooks.com

© 서해경 · 이소영, 2008

ISBN 978-89-92527-24-8 73330

만든 사람들

기획 | 홍승호 한필훈
편집 | 고홍준
디자인 | Moon&Park
일러스트 | 마정원
문의 | 이현아(lha2001@humanistbooks.com)

◎ 이 책은 저작권법에 따라 보호받는 저작물이므로 무단전재와 무단복제를 금합니다.
  이 책의 전부 또는 일부를 이용하려면 반드시 저작권자와 휴먼어린이 출판사의 동의를 받아야 합니다.